Bernhard F. Klinger (Hrsg.)
Sven Klinger · Joachim Mohr · Wolfgang Roth ·
Johannes Schulte

Patientenverfügung und Vorsorgevollmacht

Bernhard F. Klinger (Hrsg.)
Sven Klinger · Joachim Mohr · Wolfgang Roth ·
Johannes Schulte

Patientenverfügung und Vorsorgevollmacht

Was Ärzte und Bevollmächtigte für Sie
in einem Notfall tun sollten

Was die Neuregelung für Sie
konkret bedeutet

Linde international

stern

Bibliografische Information Der Deutschen Bibliothek

Die Deutsche Bibliothek verzeichnet diese Publikation in der Deutschen Nationalbibliografie; detaillierte bibliografische Daten sind im Internet über http://dnb.ddb.de abrufbar.

ISBN 978-3-7093-0289-7

Umschlag: *stern* und buero8
Satz: Hannes Strobl, Satz·Grafik·Design, 2620 Neunkirchen

1210 Wien, Scheydgasse 24, Tel.: +43/1/24 630
www.lindeverlag.at
www.lindeverlag.de

Druck: Hans Jentzsch & Co. GmbH., 1210 Wien, Scheydgasse 31

Inhalt

Einleitung

Nach sechsjähriger Debatte ist es gelungen, die Patientenverfügung gesetzlich zu verankern. Der Deutsche Bundestag hat am 18.6.2009 eine gesetzliche Regelung zur Wirksamkeit und Reichweite von Patientenverfügungen beschlossen. Künftig werden die Voraussetzungen von Patientenverfügungen und ihre Bindungswirkung eindeutig im Gesetz bestimmt. Endlich gibt es mehr Rechtsklarheit und Rechtssicherheit im Umgang mit Patientenverfügungen. Das neue Gesetz trat zum 1.9.2009 in Kraft.

Wer für die eigene Zukunft und eine Lebensphase der Entscheidungsunfähigkeit vorsorgen möchte, kann Verfügungen schreiben, Vollmachten ausstellen und Verträge abschließen.

Für die meisten Menschen ist es wichtig, den Ärzten und Pflegeverantwortlichen mitzuteilen, wie sie eines Tages behandelt und gepflegt werden wollen, wenn sie selbst nichts mehr sagen können. Eine solche Mitteilung heißt „Patientenverfügung". Ein Muster hierzu finden Sie im Anhang 1 dieses Ratgebers.

Genauso wichtig ist es für viele Menschen, dass in einem Notfall eine Vertrauensperson stellvertretend für sie Entscheidungen trifft, alltägliche Angelegenheiten erledigt und das Vermögen verwaltet. Zu diesem Zweck ist es sinnvoll, eine „Vorsorgevollmacht" zu erstellen. Ein Muster hierzu finden Sie im Anhang 2.

Damit Ihr „Bevollmächtigter" weiß, was er für Sie tun soll und was er zu unterlassen hat, können Sie dies mit ihm in einem „Grundvertrag" (siehe Kapitel 4) festlegen.

Mit einer „Betreuungsverfügung" wenden Sie sich dagegen an das Vormundschaftsgericht. Ein solches Dokument teilt dem Richter mit, wie und von wem Sie eines Tages betreut werden wollen, wenn Sie betreuungsbedürftig sein sollten. Ein Muster hierzu finden Sie im Anhang 3.

Schließlich können Sie noch eine „Organspendeverfügung" unterzeichnen. Diese Thematik wird hier nicht in einem eigenen Kapitel behandelt, da die Organspende nicht wirklich zur Vorsorge für Unfall, Krankheit und Alter zählt. Wenn Sie jedoch hierzu etwas regeln wollen, finden Sie Formulierungsvorschläge im Kapitel „Der Grundvertrag" sowie im Anhang 1 (Muster einer Patientenverfügung des Bundesjustizministeriums).

Nicht zu unterschätzen ist im Übrigen die Schwierigkeit der korrekten Hinterlegung Ihrer Dokumente. Die beste Verfügung, die ausgefeilteste Vollmacht und der perfekte Vertrag sind nichts wert, wenn sie im Ernstfall nicht aufzufinden sind oder von den Bevollmächtigten nicht verwendet werden können.

Je nach Ihrer besonderen familiären Situation, je nach den Gefahren, die Sie sehen, und Ihren besonderen Wertvorstellungen und Wünschen ist es sinnvoll, mehr oder weniger Vorsorge zu betreiben. Sie sollten nicht zu viel, aber auch nicht zu wenig für sich vorsorgen!

KAPITEL 1

Vorsorge für Unfall, Krankheit und Alter

Es gibt kein allgemein gültiges Rezept für die optimale Vorsorge. Ganz entscheidend kommt es darauf an, dass jeder Einzelne unter Berücksichtigung seiner individuellen Lebenssituation und seiner besonderen Wertvorstellungen die passende Vorsorge plant. Dieses erste Kapitel zeigt Ihnen anhand von Beispielen, welche Verfügungen, Vollmachten und Verträge im Einzelfall in Frage kommen.

BEISPIEL

Fall 1 : Familienmitglied vor riskanter Operation

Ein 69-jähriger Rentner ist an Krebs erkrankt und muss sich einer Operation mit unsicherem Ausgang unterziehen. Er lebt mit seiner Ehefrau in der gemeinsamen Wohnung, die bereits der Tochter überschrieben wurde. Die Ehefrau ist als zweite Kontoinhaberin eingetragen und kann daher die finanziellen Dinge regeln. Der 69-Jährige will vermeiden, dass er nach einer fehlgeschlagenen Operation wochen- und monatelang als Wachkoma-Patient am Leben erhalten und künstlich ernährt wird.

Vorsorge bei Wachkoma

Der Erkrankte hat folgende Vorsorgemöglichkeiten:

- Er verfasst eine Patientenverfügung.
- Er setzt mit einer Vorsorgevollmacht seine Ehefrau als Bevollmächtigte und seine Tochter als Ersatzbevollmächtigte ein und überträgt ihnen die „Gesundheitssorge", so dass sie für ihn über die weitere Behandlung entscheiden können, wenn er dazu nach der Operation nicht mehr in der Lage sein sollte.

Als dritte Möglichkeit kommt die Kombination aus Patientenverfügung und Vorsorgevollmacht in Frage.

Ergänzend könnte der Rentner auch noch an die Postvollmacht denken und seine Frau oder seine Tochter in die Lage versetzen, für ihn Briefe entgegenzunehmen und zu schreiben.

BEISPIEL

Fall 2: Ein unverheiratetes Paar mit Kindern

Die 29-jährige Krankenschwester und der 33-jährige Unternehmensberater mit dem fünfjährigen Thomas und der dreijährigen Marga malen sich aus, was passieren könnte, wenn einer oder beide Partner einen schweren Unfall haben oder plötzlich unheilbar erkranken. Um auf Nummer sicher zu gehen, fragen die beiden einen Erbrechtsspezialisten. Dieser rät zu folgender Konstruktion:

Vorsorge bei Unfall oder Krankheit

- Die unverheirateten Eltern stellen sich wechselseitig Generalvollmachten aus.
- Für den Fall, dass beide gleichzeitig – etwa nach einem Unfall – nicht entscheidungsfähig sein sollten, setzen sie den Bruder der Krankenschwester und den besten Freund des Unternehmensberaters als Ersatzbevollmächtigte ein, allerdings nicht mit der weit reichenden Generalvollmacht, sondern lediglich mit einer Vorsorgevollmacht, die vor allem regelt, wo und wie die Kinder zu versorgen und zu erziehen sind.

Als weiterer Baustein im Vorsorgesystem kommen hier auch Betreuungsverfügungen in Betracht.

BEISPIEL

Fall 3: Alleinstehender ohne nahe Angehörige

Ein Angestellter lebt alleine in einer Zweizimmerwohnung, er hat nur sehr entfernte Verwandte, aber einen Freund, dem er großes Vertrauen entgegenbringt. Der 55-Jährige möchte sich absichern, damit eine andere Person bei Unfall, bei einer unvorhergesehenen Erkrankung oder bei Betreuungsbedürftigkeit für ihn in seinem Sinne handeln kann. Er möchte auf jeden Fall eine Betreuung durch eine völlig fremde, vom Gericht bestellte Person vermeiden.

Vorsorge des Alleinstehenden

In diesem Fall ist es sinnvoll, den Freund und Vertrauten über eine Vorsorgevollmacht als Bevollmächtigten einzusetzen. Was der bevollmächtigte Freund alles tun und lassen soll, können die beiden in einem Grundvertrag regeln.

BEISPIEL

Fall 4: Witwe mit großem Vermögen

Eine 48-jährige Frau lebt nach dem frühen Tod ihres Ehemanns sehr zurückgezogen, sie hat keine eigenen Kinder, den wenigen Verwandten vertraut sie nicht, zumal sich Neffen und Nichten vor allem für ihr Vermögen interessieren. Die Witwe möchte dafür sorgen, dass sich nach einem Unfall oder bei einer schweren Erkrankung eine vertrauenswürdige Person um ihre Mietshäuser und Aktiendepots kümmert.

Vorsorge der Witwe

In diesem Fall ist die Witwe gut beraten, einen Berufsbetreuer zu suchen, der sich in der Vermögensverwaltung sehr gut auskennt. Sie kann dann eine Betreuungsverfügung unterzeichnen und damit dem Betreuungsgericht mitteilen, von wem sie im Fall der Fälle betreut werden will. Sie kann in der Betreuungsverfügung auch ganz allgemein – ohne eine bestimmte Person zu nennen – die Eigenschaften angeben, die der Betreuer haben soll (zum Beispiel: Steuerberaterin, Erfahrung in Vermögensverwaltung, Neigung für Naturheilkunde, Fähigkeit, mit Haustieren umzugehen).

BEISPIL

Fall 5: Unternehmer mit mittelständischer Firma

Ein 62-jähriger Unternehmer leitet als alleiniger Geschäftsführer die von ihm vor 28 Jahren gegründete Aufzugsfirma, eine GmbH. Er ist gesund und misstrauisch. Was passiert mit der Firma, wenn ich einmal im Krankenhaus liege und für Wochen oder Monate ausfalle? Seine Frau und seine Kinder, die ganz andere Berufe ergriffen haben, hält er für außer Stande, die Firma weiterzuführen. Der Geschäftsführer lässt sich von einem Notar beraten, das Gespräch führt zu folgender Lösung:

Vorsorge des Unternehmers

- Vorsorgevollmacht mit Befugnis zur Leitung der Firma an einen Hochschullehrer, der sich als Maschinenbauer auf Aufzugstechnik spezialisiert hat und mit dem Unternehmer seit gemeinsamen Studienzeiten gute Kontakte hält.
- Vorsorgevollmacht für Gesundheitssorge und Bankvollmacht für das private Konto an die Ehefrau.

BEISPIEL

Fall 6: Verheiratete Frau, ein Kind

Eine verheiratete 23-jährige Mutter eines zweijährigen Kindes überlegt, was passiert, wenn sie von einem Tag auf den anderen ins Krankenhaus kommt und nicht mehr für sich entscheiden kann. Um die Tochter kümmert sich der Mann, der auch Mieter der Wohnung ist und Zugriff auf alle Konten hat. Doch wer entscheidet, wenn sie nicht mehr sagen kann, wie sie behandelt werden möchte?

Vorsorge bei Handlungsunfähigkeit

In diesem Fall ist eine Patientenverfügung völlig ausreichend. Es gibt sonst nichts zu regeln. Alternativ könnte die besorgte Mutter dem Ehemann per Vorsorgevollmacht die Gesundheitssorge übertragen, damit er für sie entscheiden kann.

EXPERTENTIPP

Gesamte Bandbreite

Vorsorge für Unfall, Krankheit und Alter muss immer ganz den individuellen Vorstellungen, Wünschen und Lebenssituationen entsprechen. Darüber hinaus kann man die gleichen Ziele über unterschiedliche Wege erreichen. Dieser Ratgeber zeigt Ihnen die gesamte Bandbreite der Möglichkeiten.

KAPITEL 2

Die Patientenverfügung

Mit High-Tech-Apparaten und Arzneimittel-Cocktails ist es heute möglich, schwer und mehrfach kranke, stark verletzte und in hohem Maße pflegebedürftige Patienten erfolgreich zu behandeln und über viele Monate und Jahre am Leben zu erhalten. Doch dieser Fortschritt hat auch seine Schattenseiten.

Für zahlreiche Patienten ist die verlängerte Lebenszeit auf der Intensivstation oder im Pflegeheim nichts als eine Leidenszeit. Qualvolle Operationen, jahrelange Liegezeiten, extreme Schmerzen, Bewegungsunfähigkeit, der Verlust der Selbstkontrolle und das Angewiesensein auf Pflegeleistungen sind für viele Betroffene alles andere als erstrebenswert.

Selbstbestimmungsrecht

Eine Patientenverfügung ist die individuelle Antwort auf diese ungewollten Folgen des medizinischen Fortschritts. Sie macht es einem Menschen möglich, das Selbstbestimmungsrecht auch dann wahrzunehmen, wenn seine Fähigkeit, Entscheidungen zu treffen, eingeschränkt oder erloschen ist. Eine perfekte Patientenverfügung sagt den Ärzten, Pflegepersonal, Bevollmächtigten, Betreuern und Betreuungsgerichten unmissverständlich, was sie tun und lassen müssen, um nach dem Willen des bewusstlosen, hilflosen und pflegebedürftigen Menschen zu handeln.

Gesetzliche Regelung zum 1.9.2009

Mit Wirkung zum 1.9.2009 sind die Formalien, die inhaltlichen Anforderungen und Grenzen sowie die zeitliche Geltung einer Patientenverfügung nach langen Verhandlungen im Bundestag gesetzlich geregelt worden. Aufgrund der gesetzlichen Verankerung der Patientenverfügung herrscht jetzt Rechtssicherheit für alle Beteiligten hinsichtlich dessen, was erlaubt, geboten und verboten ist. Die Regelung wird zu einer weit erhöhten Akzeptanz bei jenen führen, die Adressaten einer Patientenverfügung sind, also insbesondere bei medizinischem Personal.

Rechtssicherheit

Die neuen gesetzlichen Regelungen enthalten aber auch Anordnungen, auf welche Weise Behandlungswünsche eines Betroffenen ermittelt werden sollen, wenn er keine Patientenverfügung erstellt und seinen Willen nicht mehr selbst erklären kann.

Wachkoma und künstliche Ernährung

Wachkoma

Die meisten Menschen wollen nicht in einem Zustand anhaltender Bewusstlosigkeit („Wachkoma“) ihr Dasein fristen. Nach derzeitigem Stand der Wissenschaft kommt in diesem Fall die Gehirntätigkeit mehr oder weniger zum Erliegen, die Patienten verlieren jegliche bewusste Wahrnehmung ihrer Umwelt und würden ohne die zum Teil massive medizinische Unterstützung (künstliche Ernährung und Beatmung, medikamentöse Behandlung, Überwachung von Herz und Kreislauf) schon nach wenigen Tagen oder Wochen sterben. Viele Verwandte und Freunde empfinden das Leiden der Betroffenen als bloßes „Dahinsiechen“.

Hilflosigkeit

Künstliche Ernährung

Die Vorstellung, in einer derart hilf- und trostlosen Lage zu sein, ist für die meisten Menschen unerträglich. Kaum jemand kann und will sich ausmalen, wie es ist, über viele Jahre bewusstlos, bewegungsunfähig und pflegebedürftig dahinzuleben. So manche jüngere und ältere Menschen treibt die Angst um, dass sie einmal gegen ihren Willen an Schläuchen hängen, durch künstliche Ernährung und Beatmungsmaschinen zwischen Leben und Tod stehen und sich gegen die ungewollte Verlängerung des Leidens nicht wehren können.

Doch die Möglichkeit, über das eigene Schicksal zu entscheiden, existiert auch in diesem Fall. Wer ein jahrelanges Wachkoma für sich ausschließen will, kann dies mit geeigneten Bestimmungen in einer Patientenverfügung festlegen.

Entscheidungen über Leben und Tod

Zwangsbehandlung unzulässig

Solange ein Patient noch bei Bewusstsein ist und seinen Willen zum Ausdruck bringen kann, ist die Situation verhältnismäßig einfach. Er kann selbst entscheiden und den behandelnden Ärzten mitteilen, ob er weiterhin eine wie auch immer geartete Behandlung wünscht oder nicht. Untersagt er bestimmte Maßnahmen, sind die Ärzte verpflichtet, seinem Willen zu entsprechen. Das gilt auch dann, wenn die Weiterbehandlung dringend erforderlich wäre, um den Patienten am Leben zu erhalten. Jegliche Art der Zwangsbehandlung ist verboten und strafbar.

Anders liegt der Fall, wenn der Patient aufgrund seines Leidens seinen Willen nicht mehr selbst bilden oder äußern kann. Die Ursachen hierfür können ganz unterschiedlich sein (zum Beispiel unfall- oder krankheitsbedingte Hirnschädigung, Bewusstlosigkeit, altersbedingte Demenz). Es stellt sich dann die Frage, wer für den Betroffenen Entscheidungen über den weiteren Behandlungsablauf treffen kann und soll.

Betreuer und Bevollmächtigte ohne Entscheidungsgrundlage

Betreuungsgericht bestellt Betreuer

Laut Gesetz entscheidet ein vom Betreuungsgericht bestellter Betreuer über die so genannte Gesundheitssorge für einen Patienten, der zu eigenen Entscheidungen und Äußerungen nicht mehr fähig ist. Häufig wird ein Angehöriger als Betreuer bestellt, bei Personen ohne nahestehende und der Aufgabe gewachsene Verwandte setzt das Betreuungsgericht jedoch auch ehrenamtliche oder berufliche Betreuer ein. Lediglich dann, wenn der Betroffene vor dem Eintritt seiner Willensunfähigkeit eine Person bevollmächtigt hat, die Gesundheits- und Vermögensvorsorge für ihn zu übernehmen, wird kein Betreuer bestellt.

Patientenverfügung als Entscheidungsgrundlage

Ohne Patientenverfügung tun sich jedoch sowohl Bevollmächtigte als auch Betreuer schwer, den Willen der Menschen zu berücksichtigen, für die sie stellvertretend handeln. Denn für beide besteht in der Regel das Problem, dass sie die konkreten Wünsche der ihnen anvertrauten Personen nicht kennen können.

Das gleiche Problem besteht, wenn zwar eine Patientenverfügung vorliegt, der Inhalt aber nicht auf die aktuelle Lebens- und Behandlungssituation zutrifft oder wenn der Inhalt nicht bestimmt genug ist.

Mutmaßlicher Wille des Patienten

In diesen Fällen sieht das Gesetz folgende Vorgehensweise vor, um den mutmaßlichen Willen des Patienten zu ermitteln:

- Der Betreuer oder Bevollmächtigte versucht, an Hand von früheren mündlichen oder schriftlichen Äußerungen des Patienten zu ermitteln, welche Behandlungswünsche er in der konkreten Situation mutmaßlich haben würde. Dabei sollen auch ethische oder religiöse Überzeugungen und sonstige Wertvorstellungen berücksichtigt werden. Zur Klärung dieser Vorstellungen sollen auch nahe Angehörige oder sonstige Vertrauenspersonen, wie beispielsweise enge Freunde oder Lebensgefährten, gefragt werden, soweit dazu ausreichend Zeit gegeben ist.

- Sodann bespricht der Betreuer beziehungsweise der Bevollmächtigte diese Vorstellungen mit dem behandelnden medizinischen Personal. In diesem Gespräch werden die medizinisch gebotenen Behandlungsalternativen unter Berücksichtigung des Patientenwillens abgewogen, um dann eine Entscheidung für eine konkrete Behandlungsmaßnahme zu treffen.

Die Rolle von Angehörigen und Betreuern

Kein Entscheidungsrecht der Angehörigen

Kann ein Erwachsener über Fragen seiner medizinischen Behandlung krankheitsbedingt selbst nicht mehr entscheiden, gehen Angehörige meist davon aus, dass sie befugt sind, gegenüber Ärzten und Pflegepersonal entsprechende Anordnungen treffen zu können. Dem ist aber nicht so: Eine derartige Entscheidungsbefugnis sieht das Gesetz bei volljährigen Patienten nicht vor. An dieser Rechtslage hat sich auch durch das am 1.9.2009 in Kraft getretene Gesetz zur Regelung der Patientenverfügung nichts geändert.

In diesen Fällen muss durch das Betreuungsgericht ein Betreuer für die Gesundheitssorge bestellt werden. Hierfür kommen in erster Linie nahe Angehörige in Betracht, sofern diese dazu in der Lage und bereit sind. Es ist jedoch keineswegs immer so, dass das Betreuungsgericht eine Person aus der Familie des Patienten zum Betreuer ernennt.

Anhörung der Angehörigen

Das Gesetz zur Regelung der Patientenverfügung sieht zwar vor, dass Ehegatten, Verwandte und dem Patienten nahestehende Personen, wie Lebensgefährten oder enge Freunde, in verschiedenen Situationen bei der Entscheidung über eine bestimmte Behandlung angehört werden. Betreuer, Bevollmächtigte und medizinisches Personal sind jedoch nicht an das gebunden, was diese Personen wünschen.

Besonders schwierig ist die Entscheidungsfindung bei Patienten, die allein leben und keine näheren Verwandten, einen Lebensgefährten oder enge Freunde haben.

Entscheidungen für Kinder und Jugendliche

Einwilligungsfähigkeit des Minderjährigen

Probleme kann es auch bei der Gesundheitssorge für die eigenen minderjährigen Kinder geben. Grundsätzlich ist ein Minderjähriger selbst befugt, in ärztliche Behandlungen einzuwilligen, soweit er aufgrund seiner geistigen Reife, die im Wesentlichen mit seinem Alter zusammenhängt, in der Lage ist, die Konsequenzen seiner Entscheidung selbst zu überblicken. Eine entsprechende Einwilligungsfähigkeit wird in der Regel erst ab Vollendung des 14. Lebensjahrs eines Kindes angenommen werden können. Allerdings muss die Einwilligungsfähigkeit gerade für die konkrete Behandlungsmaßnahme gegeben sein. Bei ganz leichten ärztlichen Eingriffen kann dies auch schon bei Kindern unter 14 Jahren der Fall sein. Handelt es sich jedoch um gefährliche oder langwierige Behandlungsmaßnahmen mit erheblichem Eingriffscharakter, muss ein höheres Alter vorliegen oder die Zustimmung der Eltern eingeholt werden. Bei bedeutsamen, gefährlichen Eingriffen ist sogar die Einwilligung beider sorgeberechtigter Elternteile erforderlich.

Die Schwierigkeit, Wertvorstellungen des Betroffenen zu ermitteln

Manche Menschen entwickeln auf der Basis ihrer persönlichen, ethischen und religiösen Wertvorstellungen eine individuelle Einstellung zur Intensivmedizin und zum Sterben; doch viele tun das nicht.

BEISPIEL

Verschiedene Vorstellungen

Patient A hat den Wunsch, nicht länger als notwendig zu leiden. Er fordert daher die bloße Schmerzlinderung ohne lebensverlängernde Maßnahmen, die in den natürlichen Tod führt.
Patient B entscheidet sich für die maximale Behandlung zur Lebensverlängerung unter Einsatz von Intensivpflege und -medizin, um möglichst lange zu leben. Er hofft, dass die Medizin doch noch einen Weg zu seiner Heilung findet.
Patient C hat sich in seinem Leben nie mit Intensivmedizin, Wachkoma und Tod beschäftigt, er gehört keiner Kirche an, sein Engagement in der Firma und in einem Sportverein lässt lediglich Rückschlüsse auf Werte wie „Mitmenschlichkeit" und „sportliche Fairness" zu.

Ermittlung der Wertvorstellungen

Ohne Patientenverfügung ist es für Betreuer, Bevollmächtigte, Ärzte und Betreuungsgerichte deshalb oft sehr schwierig, die Wertvorstellungen eines entscheidungsunfähigen Patienten zu ermitteln. Schriftliche Dokumente, die Lebensgeschichte und Gespräche mit dem persönlichen Umfeld lassen manchmal Rückschlüsse auf die besonderen Überzeugungen der schwer erkrankten Person zu. Doch mit solchen Schlussfolgerungen ist immer das

Risiko verbunden, dass die Einstellungen zu schwerer Krankheit, lebenserhaltender Intensivmedizin und zum Tod nicht zutreffend erkannt werden.

Tabuthema Tod

Da der Tod in der auf Diesseitigkeit ausgerichteten Arbeits- und Konsumgesellschaft eines der letzten verbliebenen Tabus darstellt, bleiben viele Versuche, persönliche Wertvorstellungen zu rekonstruieren, ohne Aussicht auf Erfolg, weil nie darüber gesprochen wurde. Fehlt es an konkreten Anhaltspunkten, was sich der betroffene Patient bei Bewusstsein in seiner jetzigen Situation gewünscht hätte, wird ersatzweise auf allgemeine Wertvorstellungen („Das Leben hat einen hohen Wert“) zurückgegriffen. In der Regel fällt die Entscheidung dann „pro vita“, also für das Leben, und damit für eine jahrelange Weiterbehandlung.

Gewagte Interpretationen und mangelhafte Beweise

Hat der Betroffene in der Vergangenheit bestimmte Wertvorstellungen geäußert, sind diese als Grundlage für eine Entscheidung heranzuziehen. Doch hier beginnen schon die Probleme. Hat die erkrankte Person wirklich ernsthaft versichert, sie wünsche keine lebenserhaltenden Maßnahmen bei langem Wachkoma? Oder hat sie spontan – etwa als Reaktion auf einen in einer unseriösen Boulevardzeitung völlig verfälscht dargestellten Fall – eine unüberlegte Ansicht zum Besten gegeben?

Mündliche Anordnungen sind schwer beweisbar.

Im konkreten Einzelfall kann das gravierende Problem auftreten, dass es für den einmal mündlich geäußerten Willen des Patienten keinerlei Beweise gibt. Zweifelt ein Betreuer, ein Bevollmächtigter oder ein Arzt an dem Wunsch des Patienten nach einem Behandlungsabbruch, wird er verlangen, dass dieser Schritt von einem Betreuungsgericht genehmigt wird. Das Gericht wird diese Genehmigung aber nur erteilen, wenn der Wille des Patienten zum Behandlungsabbruch unzweifelhaft nachgewiesen werden kann. Möglicherweise reichen dann einzelne mündliche Äußerungen nicht aus, um das Gericht zu überzeugen.

Wirtschaftliche Folgen teurer Behandlungen

Neben der persönlichen Belastung für die Angehörigen durch einen entscheidungsunfähigen Patienten kann auch die Verantwortung für die unterhaltsverpflichteten Angehörigen ein Motiv sein, eine Patientenverfügung zu errichten. Intensivbehandlung und -pflege sind teuer. Die anfallenden Kosten lassen sich selten aus den Zahlungen der Kranken- und Pflegeversicherung sowie den laufenden Einkünften des Betroffenen decken.

Unterhaltsverpflichtungen naher Angehöriger

In diesem Fall ist zunächst, soweit vorhanden, das Vermögen des Patienten für die Deckung der Kosten zu verwenden. Ist dass Vermögen verbraucht, müssen sich die nahen Angehörigen aufgrund ihrer gesetzlichen Unterhaltsverpflichtung (die auch zwischen nahen volljährigen Angehörigen besteht) an den Behandlungskosten bis an die Grenze ihrer wirtschaftlichen Leistungsfähigkeit beteiligen.

Bei einem Komapatienten, der mittels künstlicher Ernährung durch eine Sonde über Jahre am Leben erhalten wird, können ausufernde Behandlungskosten zum Verlust des gesamten Familienvermögens führen. Eine Patientenverfügung kann eine Familie vor derartigen Belastungen bewahren, insbesondere dann, wenn eine kostenintensive Maximalbehandlung ohnehin nicht gewollt wird.

Im Rahmen der Wirtschaftlichkeitserwägungen wird vereinzelt sogar schon erwogen, denjenigen Menschen, die eine Patientenverfügung errichten, Prämienvorteile in der Krankenversicherung zu gewähren. Denn die Mehrzahl der Menschen, die ihren Behandlungswillen niederlegen, lehnt eine jahrelange kostenintensive Maximalbehandlung ab.

Kostenintensive Maximalbehandlung

BEISPIEL

Versicherung verweigert Ehefrau Zahlungen nach Unfall

Ein versicherungsrechtlicher Fall, den das Oberlandesgericht Düsseldorf im Jahr 1996 (NJW-RR 1997, 982) zu entscheiden hatte, zeigt, dass eine lange Behandlungsdauer zu weitreichenden wirtschaftlichen Konsequenzen führen kann.

Ein Mann lag nach einem schweren Unfall im Wachkoma (Apallisches Syndrom – schweres Schädel-Hirn-Trauma). Es stand fest, dass dieser Zustand unumkehrbar war und zum Tod führen würde, ohne dass der Sterbeprozess zu diesem Zeitpunkt bereits begonnen hatte. Der Mann konnte nur unter Einsatz lebenserhaltender medizinischer Apparate zwei Jahre überleben. Die Ehefrau machte nach seinem Tod ihren Anspruch auf Zahlungen aus einer Unfalltod-Zusatzversicherung geltend. Doch die Versicherungsgesellschaft wies diesen Anspruch mit der Begründung zurück, dass der Tod nicht entsprechend den Versicherungsbedingungen binnen eines Jahres nach dem Unfall eingetreten sei. Die Entscheidung der Versicherung wurde durch das Gericht bestätigt. Die Ehefrau erhielt keinerlei Leistungen, obwohl der Tod Folge des Unfalls war.

Hätte der Ehemann beizeiten eine Patientenverfügung verfasst, die für das Wachkoma lebensverlängernde Maßnahmen ausgeschlossen hätte, wäre seine finanzielle Vorsorge für die Ehefrau in Gestalt der Zusatzversicherung nicht umsonst gewesen.

Entlastung der Betreuer, Bevollmächtigten, Ärzte und Angehörigen

Eine Patientenverfügung gibt Auskunft darüber, welches Maß ärztlicher Behandlung eine Person für sich in einer

Entlastung der Angehörigen

künftigen, durch Unfall, Krankheit oder Alter bestimmten Lebenssituation ohne Entscheidungsfähigkeit wünscht. Ein solches Dokument entlastet die Angehörigen, Bevollmächtigten, Betreuer und Ärzte von der Verantwortung, über die Fortführung, die Begrenzung oder den Abbruch medizinischer Maßnahmen zu entscheiden.

Eine Patientenverfügung kann nicht nur die Einschränkung von Behandlungsmaßnahmen, sondern auch den Wunsch nach medizinischer Maximalbehandlung unter Inkaufnahme der damit oft verbundenen Begleiterscheinungen beinhalten.

Selbstbestimmung

Mit anderen Worten: Wenn Sie selbst darüber entscheiden wollen, wie Sie von Ärzten und Pflegekräften in einer heute noch nicht bekannten Zukunft behandelt werden, sind Sie gut beraten, eine klipp und klar formulierte, juristisch wasserdichte Patientenverfügung zu unterschreiben.

Noch einmal anders gesagt: Wenn Sie zu der Überzeugung kommen, dass Sie das maximale Behandlungsprogramm und lebensverlängernde Maßnahmen unter bestimmten Bedingungen für sich ausschließen wollen, dann ist eine Patientenverfügung außerordentlich sinnvoll. Denn im Zweifelsfall entscheiden sich die Ärzte ganz im Sinne des hippokratischen Eids für das medizinisch Mögliche und die Erhaltung des Lebens, also dafür, was Sie in dieser Lage möglicherweise gerade nicht wollen.

Patientenverfügung ist freiwillig

An dieser Stelle sei aber auf Folgendes hingewiesen: Niemand kann Sie verpflichten, eine Patientenverfügung zu erstellen! Das ist im Gesetz ausdrücklich festgehalten worden. Daher kann beispielsweise ein Krankenhaus oder ein Pflegeheim nicht als Bedingung für eine Aufnahme die Errichtung einer Patientenverfügung verlangen.

Von der ersten Idee bis zur Hinterlegung

Wer aufgrund von Erfahrungen im persönlichen Umfeld oder aufgrund von Medienberichten zu der Überzeugung gelangt, dass es Sinn macht, den Behandlungswillen für spätere, unbekannte Lebensphasen niederzulegen, sollte sich zunächst einmal ausführlich informieren.

Aufklärung durch Arzt sinnvoll

Gespräche mit Ärzten können den Interessenten medizinische Fachbegriffe („Apallisches Syndrom“) erklären und die Folgen bestimmter Behandlungswünsche deutlich machen (siehe auch Anhang 4, Glossar).

Wer einer Glaubensgemeinschaft angehört, findet dort Rat in ethischen Fragen. Oft ist es sinnvoll, über den eigenen Behandlungswillen und eine Patientenverfügung mit nahen Verwandten und guten Freunden zu sprechen. Jeder Erwachsene muss jedoch selbst für sich entscheiden, wo und von wem er sich Rat in medizinischen und ethischen Fragen holt sucht und mit wem er über sein Vorhaben (Patientenverfügung) spricht.

Informationen und Erörterungen sind im günstigsten Fall der erste Schritt auf dem Weg zur eigenen Willensbildung. Niemand kann einem Menschen jedoch die Arbeit abnehmen, seinen eigenen Willen zu finden und festzuhalten. Was ein mündiger Bürger in seiner Patientenverfügung regelt, ist seine zutiefst private Sache. Er muss sich auf der Basis seiner individuellen Werte darüber klar werden, was er will und was nicht. In diesem Ratgeber können wir Ihnen die Willensbildung nicht abnehmen. Wir können Ihnen lediglich sagen, zu welchen Inhalten Sie in Ihrer Patientenverfügung Ihren Willen bekunden können.

Schriftform vorgeschrieben

Sobald Sie wissen, was Sie wollen, müssen Sie Ihre Patientenverfügung schriftlich niederlegen. Die Schriftform ist ausdrückliche gesetzliche Voraussetzung für die wirksame

Rat vom Fachmann einholen

Erstellung einer zu beachtenden Patientenverfügung. Für den Fall, dass Sie sich unsicher sind, ob Sie Ihren Willen klar, eindeutig und juristisch unangreifbar zu Papier gebracht haben, sollten Sie sich von einem Rechtsanwalt beraten lassen, der sich in der Materie „Patientenverfügung" auskennt (erfahrene Experten für Erbrecht, die mit dieser Materie bestens vertraut sind, finden Sie ab Seite 132). Sie können auch einen Anwalt beauftragen, nach Ihren Vorgaben die Patientenverfügung zu verfassen.

Hinterlegung regeln!

Abschließend geht es nur noch darum, dafür zu sorgen, dass die Patientenverfügung im Ernstfall auch gefunden wird. Sie sollten daher mehrere Exemplare an geeigneter Stelle hinterlegen und in Ihrer Brieftasche und in der Geldbörse einen Zettel mit dem Hinweis auf die Existenz und den Hinterlegungsort Ihrer Verfügung aufbewahren. Achten Sie aber darauf, dass sämtliche Ausfertigungen den gleichen Wortlaut haben, damit später keine Zweifel auftreten können, welche der Ausfertigungen für ihre Behandlung maßgebend sein soll.

Sie können darüber hinaus noch mehr tun, um Ihre Patientenverfügung durchzusetzen. Geeignete Mittel sind zum Beispiel eine Vorsorgevollmacht (siehe hierzu Seite 44) oder eine Betreuungsverfügung (siehe hierzu Seite 87).

CHECKLISTE

Ablauf nach der Entscheidung für eine Patientenverfügung

1. Information/Beratung (Medizin/Ethik)
2. Willensbildung (Behandlungswünsche)
3. Textentwurf
   (Prüfung/Optimierung durch Juristen)
4. Reinfassung
5. Unterschrift
6. Hinterlegung

Straffreie und strafbare Sterbehilfe

Gegenstand einer Patientenverfügung kann nur eine straffreie Sterbehilfe sein, die strikt von der strafbaren „aktiven“ Sterbehilfe abgegrenzt werden muss.

Passive Sterbehilfe erlaubt

Unter einer zulässigen „passiven“ Sterbehilfe versteht man den Verzicht auf lebensverlängernde Maßnahmen bei Sterbenden oder Wachkoma-Patienten ohne Aussicht auf Heilung. Passive Sterbehilfe kann bedeuten:

- keine Beatmung,
- keine Dialyse,
- keine Ernährung,
- keine Flüssigkeitszufuhr,
- keine Medikamente, außer Schmerz- und Beruhigungsmitteln.

Indirekte Sterbehilfe straffrei

Indirekte Sterbehilfe ist ebenfalls straffrei. Davon ist die Rede, wenn infolge einer besseren oder stärkeren Schmerzbehandlung eine Verkürzung des Lebens in Kauf genommen wird, ohne dass dies das Ziel der Behandlung ist.

Aktive Sterbehilfe strafbar

Strafbar ist demgegenüber die „aktive (direkte)“ Sterbehilfe, bei der einer oder mehrere Menschen den Tod eines anderen, unheilbar kranken Menschen aktiv herbeiführen; auch dann, wenn es dessen ausdrücklicher Wunsch ist zu sterben und er entsprechende Maßnahmen fordert. Solche Maßnahmen können sein:

- eine Überdosis an Schmerz- und Beruhigungsmitteln,
- eine Kaliuminjektion,
- eine Zyankali-Kapsel.

In Patientenverfügungen können verbindliche Anordnungen nur zur straffreien passiven und indirekten Sterbehilfe getroffen werden. Anweisungen zur aktiven Sterbehilfe sind hingegen ungültig. Niemand kann eine andere Person verpflichten, eine Straftat durch aktive Beihilfe zu begehen. Kein Betreuer, kein Bevollmächtigter, kein Arzt, keine Pflegekraft und erst recht kein Gericht wird aktive Sterbehilfe zulassen, auch wenn sie in einer Patientenverfügung gefordert wird. Fordern Sie niemanden auf, eine Straftat für Sie zu begehen!

WICHTIG

In Ihrer Patientenverfügung dürfen Sie daher keine strafbare „aktive Sterbehilfe" anordnen!

Inhaltliche Ausgestaltung

Treffen Sie eindeutige Regelungen

Der Inhalt einer Patientenverfügung muss so eindeutig sein, dass Zweifel an der Ernsthaftigkeit der Anordnungen oder den durch den Patienten zum Ausdruck gebrachten Vorstellungen zur Behandlung ausgeschlossen sind. Andernfalls droht die Gefahr, dass die ungültigen Bestimmungen nicht beachtet und nicht umgesetzt werden.

Daraus ergibt sich, dass der Wert einer Patientenverfügung für die Person, die sie verfasst und unterzeichnet, im Wesentlichen von zwei Faktoren abhängt:

- von der eindeutigen Äußerung des persönlichen Willens und
- von der vollständigen Erfassung der konkret zu regelnden Behandlungssituation.

Zulässiger Inhalt

Eine Patientenverfügung kann regeln, ob folgende Maßnahmen zulässig sind oder nicht:

- passive Sterbehilfe,
- indirekte Sterbehilfe,
- Behandlungs- und Ernährungsabbruch,
- Behandlungsverzicht bei Demenz,
- Behandlungsverzicht bei Dauerkoma.

Maßnahmen zur Behandlung

Im Einzelnen müssen diese Grundentscheidungen mit Bestimmungen zu den konkreten Behandlungsmöglichkeiten verbunden werden. Das sind (in Anlehnung an die Empfehlungen des Bundesministeriums der Justiz):

- lebenserhaltende Maßnahmen,
- Schmerz- und Symptombehandlung,
- künstliche Ernährung,
- künstliche Flüssigkeitszufuhr,
- Wiederbelebung,
- künstliche Beatmung,
- Dialyse,
- Gabe von Antibiotika,
- Gabe von Blut und Blutbestandteilen.

Minimal- oder Maximalbehandlung

Strafbarkeit des Arztes

Durch das Verlangen nach maximaler Behandlungsmethode kann ein Arzt aber vom Patienten nicht verpflichtet werden, Maßnahmen zu ergreifen, die im konkreten Fall aus medizinischer Sicht nicht förderlich für den Krankheitsverlauf wären. Wenn die Anordnungen des Patienten zu einem Behandlungsablauf führen, der gegen die ärztlichen Kunstregeln verstößt, würde sich der Arzt strafbar machen.

BEISPIEL

Arzt handelt bewusst gegen den Willen des Patienten

Ein Patient mit Lungenkrebs verlangte eine künstliche Beatmung, um einen qualvollen Erstickungstod zu vermeiden. Der Arzt, der sich nicht an diese Forderung hielt, legte vor Gericht dar, dass die alternativ angebotene Behandlung in der gegebenen Situation die für den Patienten günstigste war. Das Gericht bestätigte die Rechtmäßigkeit dieser ärztlichen Behandlung (Entscheidung des LG Karlsruhe, Urteil vom 30.08.1991 – Az. 10 O 291/91).

Vermeiden Sie philosophische Erörterungen!

Manche Experten raten den Personen, die eine Patientenverfügung verfassen, Ihre Anordnungen aus Werten, Erfahrungen und dem bisherigen Leben zu begründen. Doch Vorsicht beim Philosophieren! Je mehr Sie ethisch-moralisch argumentieren, desto größer ist die Gefahr, dass Sie sich in Widersprüche verwickeln. Bedeutsam für eine Patientenverfügung ist, dass Sie Ihren Willen eindeutig wiedergeben, damit er befolgt werden kann. Eine philosophische Begründung Ihres Willens ist hingegen nicht erforderlich. Wortreiche Abhandlungen über das Für und Wider bestimmter Maßnahmen können sogar dazu führen, dass Ihre Patientenverfügung nicht als eindeutige Willensäußerung wahrgenommen und deshalb nicht befolgt wird.

Widersprüche sind gefährlich!

Ärztliche Aufklärung vor Errichtung einer Patientenverfügung

Ein medizinischer Laie ist kaum in der Lage, den praktischen Inhalt der oben genannten medizinischen Behandlungsmethoden zu erfassen. Noch weniger dürfte er in der Lage sein, die Konsequenzen zu überblicken, die die gewünschte Behandlung im konkreten Anwendungsfall für ihn haben kann.

Ärztliche Aufklärung ratsam

Dabei muss sich aber jeder des Risikos bewusst bleiben, dass die Patientenverfügung für eine extreme Krisensituation Regelungen trifft, die der Verfügende meist noch nicht erlebt hat.

Extremsituationen schwer vorstellbar

Die meisten Menschen machen persönlich die Erfahrung, dass sich eine Situation in Gedanken anders darstellt als in der Realität. Das gilt erst recht für eine Extremsituation (schwere Erkrankung, Unfall). Kaum jemand ist in der Lage, über seine Wünsche und Vorstellungen in einer noch nicht erlebten Situation eine zuverlässige Prognose zu stellen. Oft unterschätzen Gesunde die Leidensfähigkeit und den Lebenswillen im Sterbeprozess. Auch Menschen, für die der Gedanke an den Tod nie schrecklich war, fordern oft, wenn es soweit ist, trotz erheblicher Schmerzen eine Weiterbehandlung, um länger leben zu können.

Deshalb sollte jede Person, die eine Patientenverfügung errichten will, zuvor anhand der vorstehenden Liste ärztliche Beratung in Anspruch nehmen, um sich die Konsequenzen der beabsichtigten Anordnungen ausführlich schildern zu lassen.

Privatsprechstunde

Ein solches Gespräch sollte nicht in der täglichen Sprechstunde des Arztes geführt werden. Hier hat der Arzt nicht ausreichend Zeit, sich mit ihrem Anliegen zu befassen. Es empfiehlt sich, mit dem Arzt auf der Basis eines zuvor festgelegten Stundenhonorars eine Privatsprechstunde zu vereinbaren.

Für die Beratung kommt Ihr Hausarzt in Betracht, der Sie möglicherweise aus jahrelanger Betreuung bereits persönlich kennt und unter Berücksichtigung der ihm bekannten

Vorerkrankungen sehr individuell auf Ihre Fragen eingehen kann. Alternativ oder zusätzlich kann aber auch das Gespräch mit einem Intensivmediziner gesucht werden, der sich besonders gut mit der Wirkung medizinischer Behandlungen in Grenzsituationen auskennt.

In diesem Gespräch kann ein Arzt aus seiner Erfahrung erläutern, wie sich ein Krankheitsbild in der Regel darstellt und zu welchen gewollten und ungewollten Folgen eine bestimmte Behandlung führt. Die ärztliche Aufklärung kann dazu beitragen, dass Sie verschiedene Situationen vorab gedanklich so realistisch nachvollziehen können, dass Sie in der Lage sind, für sich richtige Entscheidungen zu treffen.

Darauf ist bei den Formulierungen zu achten

Präzise Formulierungen

Sie sollten Ihre Verfügung nicht mit Begriffen wie „Patiententestament“ oder „Patientenbrief“ titulieren. Derartige Formulierungen können zu Missverständnissen (Ist das wirklich eine Patientenverfügung oder das Testament oder ein Brief eines Patienten?) und zur Nichtbeachtung Ihres Willens führen. „Patientenverfügung“ ist die korrekte im Gesetz verwendete juristische Bezeichnung.

Klare Gliederung Ihrer Patientenverfügung

Eine klare Struktur (Gliederung) ist empfehlenswert. Eine Patientenverfügung ist jedoch nicht schon deshalb ungültig, weil der Verfasser seine Gedanken ungeordnet präsentiert. Ein Sammelsurium widersprüchlicher Ideen oder wirrer Anordnungen macht es indessen schwierig, wenn nicht sogar unmöglich für die Adressaten, einen klaren Willen zu erkennen und danach zu handeln.

Zahlreiche Formulare für Patientenverfügungen – wie sie Glaubensgemeinschaften und Verbände im Internet anbieten – sind gut gemeint, aber ungeeignet. Sie beinhalten in vielen Fällen auslegungsbedürftige Formulierungen, die mehr Fragen aufwerfen als Antworten geben. Einige Beispiele:

Keine auslegungsbedürftigen Formulierungen!

„Sollte ich in einen menschenunwürdigen Zustand geraten, ...“

„Wenn meine Lage ausweglos geworden ist, ...“

„Wenn mir ein erträgliches Leben nicht mehr möglich ist, ...“

Jeder Mensch hat unterschiedliche Vorstellungen davon, wann ein Leben menschenunwürdig oder seine Lage „aussichtslos“ geworden ist. Aufgrund der unterschiedlichen Leidensfähigkeit wird auch ein Leben von Mensch zu Mensch unterschiedlich für „erträglich“ erachtet.

Auch so manche wissenschaftlich anmutenden Begriffe sind in Wirklichkeit nicht geeignet, einen klaren Willen zu definieren. Als Beispiel sei hier der Begriff der „effizienten Schmerztherapie“ genannt. Die Propagandisten dieser Therapie verstehen darunter das Sterben als natürlichen Prozess des Lebens und setzen sich für eine Behandlung ein, die möglichst viel Lebensqualität bis zuletzt sichert. Doch der scheinbar wissenschaftlich korrekte Begriff der effizienten Schmerztherapie enthält keine eindeutige Aussage. Er lässt offen, ob die Schmerzbehandlung auch dann gewollt ist, wenn sie zur Lebensverkürzung oder zum Bewusstseinsverlust führt.

Sind die Formulierungen unklar, können sie für die beteiligten Ärzte, Bevollmächtigten, Betreuer und Gerichte nicht bindend sein. Eine Patientenverfügung kann nur dann verbindlich sein, wenn sie für eine bestimmte medizinische Situation eine konkrete Behandlungsanweisung enthält.

Unklare Anordnungen sind nicht bindend.

Wenn Sie auf die Gültigkeit Ihrer Patientenverfügung großen Wert legen, sollten Sie unbedingt einen Anwalt einschalten (siehe Seite 132), der Ihre Formulierungen prüft oder nach Ihren Vorgaben einen eindeutigen und juristisch unangreifbaren Text schreibt.

Ist eine Patientenverfügung an eine bestimmte Form gebunden?

Schriftform notwendig

Ja, sie muss schriftlich niedergelegt sein! Man kann die Verfügung handschriftlich schreiben wie ein Testament. Das ist jedoch nicht zwingend. Auch ein mit Schreibmaschine geschriebener Text oder ein Ausdruck eines am Computer erstellten Dokumentes ist gültig, sofern der Verfasser seine Unterschrift darunter gesetzt hat. Eine notarielle Beurkundung ist grundsätzlich nicht erforderlich.

Notarielle Beurkundung

Ist der Verfügende allerdings aufgrund seiner körperlichen Verfassung nicht mehr in der Lage, seine Patientenverfügung selbst zu unterzeichnen, ist es unbedingt zu empfehlen, Zeugen hinzuzuziehen oder einen Notar die Patientenverfügung beurkunden zu lassen. Für den Fall, dass aufgrund des Alters oder einer Krankheit bei den Adressaten der Patientenverfügung Zweifel an der Einwilligungsfähigkeit in Bezug auf ärztliche Maßnahmen aufkommen können, sollte man in unmittelbarem zeitlichem Zusammenhang mit der Errichtung der Vollmacht ein ärztliches Attest zur Urteilsfähigkeit einholen und der Verfügung beilegen.

Ärztliches Attest

Änderung, Widerruf und Vernichtung

Jede Person, die eine Patientenverfügung errichtet hat, ist völlig frei, diese Willensäußerung abzuändern, zu widerrufen oder zu vernichten. Aus juristischer Sicht kommt es ganz entscheidend darauf an, dass zum Zeitpunkt der Änderung oder des Widerrufs noch die Einsichtsfähigkeit in das eigene Handeln gegeben ist. Diese Einsichtsfähigkeit ist nicht gleichzusetzen mit der rechtlichen Geschäftsfähigkeit, die Voraussetzung für den Abschluss eines Vertrages ist. Es genügt vielmehr die Fähigkeit, einen eigenen natürlichen Willen bewusst und unter Berücksichtigung der Konsequenzen ausdrücken zu können. Ob diese Fähigkeit noch gegeben ist, kann im Einzelfall allerdings schwer zu entscheiden sein.

Einsichtsfähigkeit erforderlich

Der Widerruf ist in jeder Form möglich. Er kann durch die Vernichtung der Verfügung geschehen oder durch ein weiteres Dokument, das die Ungültigkeit einer einmal hinterlegten Patientenverfügung deutlich macht (zur Vermeidung von Missverständnissen ist es immer ratsam, alle Ausfertigungen einer nicht mehr gewollten Patientenverfügung zu vernichten oder zu ändern). Bei Patienten, die zwar geistig noch in der Lage sind, eine Entscheidung zu treffen, körperlich aber stark eingeschränkt sind, genügt es, wenn sie durch Gesten oder bloße Augenzeichen zu verstehen geben, dass die Patientenverfügung keine Gültigkeit mehr haben soll.

Widerruf formfrei möglich

Einem Patienten, der geistig oder körperlich nicht mehr in der Lage ist, eine Erklärung abzugeben, ist der Widerruf jedoch verwehrt. Er bleibt an seinen einmal geäußerten Willen gebunden. Dieses Risiko sollte jedem bewusst sein, der sich mit der Thematik „Patientenverfügung" beschäftigt.

Gründe für die Änderung

Änderung Ihrer Wertvorstellungen

Wann bedarf eine Patientenverfügung einer Änderung oder Ergänzung? Dies ist immer dann der Fall, wenn sich grundlegende Wertvorstellungen ändern, welche die Krankheit, eine medizinische Behandlung, das Sterben und den Tod betreffen.

Überprüfung bei schwerer Erkrankung

Zudem empfiehlt es sich, den Inhalt der Patientenverfügung zu überprüfen, wenn eine schwere Krankheit eintritt. Auch eine bevorstehende Operation kann ein Anlass sein, den in der Patientenverfügung niedergelegten Willen zu überdenken und gegebenenfalls abzuändern.

In diesem Fall ist es sehr sinnvoll, (erneut) ärztliche Beratung in Anspruch zu nehmen, um die ursprüngliche Wertentscheidung für einen bestimmten Behandlungsweg zu überprüfen und – falls gewünscht – zu korrigieren. Eine ärztliche Beratung ist für die Wirksamkeit einer abgeänderten Patientenverfügung jedoch keine Bedingung.

Die Gültigkeit über eine lange Zeitdauer

Wiederholte Bestätigung nicht erforderlich!

Nach jahrelangem Streit in juristischen Fachkreisen ist jetzt im Gesetz eindeutig klargestellt worden, dass eine einmal errichtete Patientenverfügung inhaltlich auch dann ihre Wirksamkeit behält, wenn die Errichtung bereits viele Jahre oder Jahrzehnte zurückliegt. Es ist demnach nicht erforderlich und nicht sinnvoll, der von einigen Organisationen vor der gesetzlichen Regelung verbreiteten Empfehlung zu folgen, die Patientenverfügung in regelmäßigen Abständen immer wieder zu bestätigen.

Wenn Sie auf Nummer sicher gehen wollen, dass Ihre Patientenverfügung als ernsthafte Willensäußerung beachtet und befolgt wird, sollten Sie auf derartige unnötige Bestätigungen verzichten. Denn sie können im Einzelfall mehr Zweifel aufwerfen als weitere Sicherheit zu bringen. Wird eine solche Bestätigung samt Unterschrift und Datumsangabe über einen längeren Zeitraum vergessen, kann dies so ausgelegt werden, dass der oder die Betroffene sich von dem ursprünglich niedergelegten Willen zu einem späteren Zeitpunkt distanziert hat.

Verzicht auf spätere Bestätigung

Um solche Zweifel an der Gültigkeit auszuschließen, ist es durchaus sinnvoll, bereits bei der Errichtung der Patientenverfügung ausdrücklich zu erklären, dass die Bestimmungen auch ohne fortlaufende Bestätigung ihre Wirksamkeit bis zum ausdrücklichen Widerruf oder bis zur Vernichtung behalten sollen.

BEISPIEL

Formulierungsvorschlag für die Gültigkeit

„Ich wünsche nicht, dass mir in der akuten Situation eine Änderung meines hier zum Ausdruck gebrachten Willens unterstellt wird. Ich sehe es deshalb nicht als erforderlich an, die Patientenverfügung in den kommenden Jahren schriftlich oder notariell zu bestätigen.
Sollte ich, wider Erwarten, an den Bestimmungen dieser Patientenverfügung nicht festhalten wollen, werde ich das Original und alle Ausfertigungen meiner Patientenverfügung einziehen oder diesen Willen in anderer Weise ausdrücklich und unmissverständlich kundtun."

Die Wirksamkeit im Ernstfall

Sobald Betreuer, Bevollmächtigte, Ärzte, Pflegekräfte oder Richter, die für Sie zuständig sind, den Inhalt einer gültigen Patientenverfügung kennen, müssen sie nach dem im Dokument niedergelegten Willen handeln. Sowohl Betreuer, Bevollmächtigte als auch medizinisches Personal sind verpflichtet, Ihren Behandlungswillen zu respektieren. Wer Sie gegen Ihren Willen in einer bestimmten Art und Weise behandelt, die Sie ausdrücklich abgelehnt haben, macht sich der Körperverletzung schuldig und sogar strafbar.

Entscheidungsablauf bei lebensgefährlicher Behandlung oder gewünschter passiver Sterbehilfe

Ein besonderer Ablauf der Entscheidungsfindung kann sich ergeben, wenn eine in der Patientenverfügung gewünschte Behandlung zum Tode oder zu einem schweren und länger dauernden gesundheitlichen Schaden führen kann. Besteht zwischen Betreuer, Bevollmächtigtem und behandelndem Arzt Einvernehmen über die durchzuführende Maßnahme, ist auch in dieser Extremsituation keine gerichtliche Genehmigung erforderlich, die in der Patientenverfügung festgelegte Behandlung durchzuführen. Das wurde im Gesetz ausdrücklich so festgehalten.

Bei fehlender Einigkeit entscheidet das Betreuungsgericht

Kann dieses Einvernehmen jedoch nicht hergestellt werden, beispielsweise weil der Betreuer oder Bevollmächtigte und der behandelnde Arzt die in der Patientenverfügung festgelegte Behandlungsanweisung unterschiedlich auslegen, muss die konkrete Behandlung durch das Betreuungsgericht genehmigt werden. Soweit die ins Auge gefasste Behandlung dies zeitlich zulässt, soll das Gericht auch dem Patienten nahe stehende Personen anhören, bevor eine Entscheidung getroffen wird.

Entsprechend wird auch vorgegangen, wenn es um die Frage geht, ob eine bestimmte Behandlungsmaßnahme, die medizinisch geboten wäre, nicht durchgeführt beziehungsweise abgebrochen werden soll, obwohl die Gefahr besteht, dass der Patient dann stirbt beziehungsweise ein schwerer gesundheitlicher Schaden zu befürchten ist.

Das gilt beispielsweise für die Ablehnung künstlicher Ernährung. Das Legen von Magensonden zur künstlichen Ernährung (Perkutane endoskopische Gastrostomie – PEG) wird in Deutschland über 100.000-mal pro Jahr durchgeführt. Teilweise wird eine Sonde nur gelegt, um die Arbeit der Pflegekräfte zu erleichtern, ohne dass dies medizinisch notwendig wäre. In diesem Fall ist durch das Gericht ein so genannter Verfahrenspfleger zu berufen, der die Interessen des Patienten im gerichtlichen Verfahren wahrnimmt.

PEG-Sonde

Entsprechend wird verfahren, wenn keine Patientenverfügung vorliegt, aber widerstreitende Vorstellungen über den weiteren Behandlungsablauf zwischen Betreuer beziehungsweise Bevollmächtigtem und dem behandelnden Arzt bestehen.

Weigerung des Arztes, eine Maßnahme durchzuführen

Es ist durchaus denkbar, dass ein Arzt trotz wirksamer Anordnung einer bestimmten Behandlungsmaßnahme in einer konkreten Handlungssituation die Durchführung verweigert. Zwar ist dieses Verhalten rechtswidrig, aber der Betroffene ist zunächst damit faktisch konfrontiert.

In diesem Fall sollte der Betreuer beziehungsweise Bevollmächtigte ganz pragmatisch die Möglichkeit prüfen, ob eine Verlegung des Patienten in ein anderes Krankenhaus oder Pflegeheim, in dem Bereitschaft zur Durchführung der Behandlung gegeben ist, geeignet ist, den Patienten-

Verlegung des Patienten

willen zeitnah und effektiv durchzusetzen. Damit kann die zeitaufwändige Einschaltung des Betreuungsgerichts vermieden werden.

CHECKLISTE

Aufbau einer Patientenverfügung

- Eingangsformel
- Situationen, für die die Patientenverfügung gelten soll
- Festlegung zu ärztlichen/pflegerischen Maßnahmen
- Aussagen zur Verbindlichkeit der Patientenverfügung
- Hinweis auf eine Vorsorgevollmacht, eine Betreuungsverfügung oder einen Organspendeausweis
- Schlussbemerkungen
- Datum, Unterschrift
- Hinweis auf rechtliche und ärztliche Beratung

Organspende und Patientenverfügung

Patienten- und Organspendeverfügung aufeinander abstimmen

Eine Patientenverfügung kann auch eine Regelung zur Organspende enthalten. Dabei ist aber zu beachten, dass die Zustimmung zur Organentnahme im Widerspruch zur Anordnung einer Minimalbehandlung stehen kann. Werden nämlich im medizinischen Notfall lebenserhaltende Maßnahmen nicht durchgeführt, führt dies in aller Regel zur Schädigung von Organen, die dann für eine Spende verloren sind.

Sofern Sie also in Ihrer Patientenverfügung eine Minimalbehandlung angeordnet haben, sollten Sie klarstellen, ob die Zustimmung zur Organspende Vorrang haben soll. Dann ist das medizinische Personal berechtigt, medizinische Maßnahmen zur Erhaltung der Lebensfähigkeit des Organs durchzuführen, die dem Grunde nach dem Wunsch nach Minimalbehandlung widersprechen würden. Wollen Sie das nicht, sollte auch das klargestellt werden.

Ergänzende Regelungen

Einbeziehung von Angehörigen gewünscht?

Nachdem im Gesetz ausdrücklich die Beteiligung von Angehörigen und dem Patienten nahestehenden Personen bei der Entscheidung über Behandlungsmaßnahmen vorgesehen ist, sollten Sie prüfen, ob bestimmte Personen an der Entscheidungsfindung gerade nicht beteiligt werden sollen.

Ergänzend kann geregelt werden, ob Sie in einer bestimmten Situation aus einem Krankenhaus in ein Hospiz verlegt werden möchten oder der Wunsch besteht, zu Hause zu sterben.

KAPITEL 3

Die Vorsorgevollmacht

Jeder Mensch kann vorübergehend oder auf Dauer die Fähigkeit verlieren, den eigenen Willen zu äußern, Entscheidungen zu treffen und Geschäfte abzuschließen.

Demenz und Drogenmissbrauch

Bei älteren Menschen geht die mangelnde Einsichts-, Einwilligungs- und Geschäftsfähigkeit häufig auf Demenz-Erkrankungen zurück. Manchmal wird ein Patient von den Ärzten sogar aus therapeutischen Gründen für einige Wochen in einen Zustand der Bewusstlosigkeit („künstlicher Tiefschlaf") versetzt, so dass er während dieser Zeit nicht geschäftsfähig ist. Jüngere Menschen können durch einen Unfall, durch Drogenmissbrauch und psychische Erkrankungen diese Fähigkeiten verlieren.

Es spielt keine Rolle, aus welchen Gründen jemand seine Angelegenheiten nicht mehr regeln und keine Geschäfte mehr betreiben kann: Wer für diesen Fall nicht vorsorgt, kann sich selbst, sein persönliches Umfeld und seine Firma in erhebliche Schwierigkeiten manövrieren. Ein Geschäftsmann, der krankheitsbedingt einige Wochen keine Verträge unterzeichnen kann und nicht dafür gesorgt hat, dass andere für ihn stellvertretend handeln können, geht das Risiko ein, dass seine Firma keine Aufträge annehmen kann, völlig unnötig in Turbulenzen gerät und im schlimmsten Fall Insolvenz anmelden muss.

Angehörige ohne Entscheidungsbefugnis

Auch die Angehörigen stehen häufig vor unlösbaren Problemen, wenn eine Person unfall- oder krankheitsbedingt

Angehörige dürfen nicht entscheiden

die eigenen Angelegenheiten nicht mehr regeln kann. Ist die Ehefrau, die sich um finanzielle Dinge nie gekümmert hat, nicht berechtigt, auf die Konten des berufstätigen Ehemanns und „Finanzministers" zuzugreifen, kann sie die Rechnungen nicht bezahlen und keine notwendigen Einkäufe erledigen, weil die Bank ihr konsequent die Möglichkeit verweigert, Geld zu überweisen oder abzuheben. Erst dann, wenn sie vom Betreuungsgericht nach vielen Wochen oder gar Monaten zur Betreuerin bestellt ist, erlangt sie die Möglichkeit, mit dem Geld auf dem Konto des Ehemanns zu wirtschaften.

Wird eine andere Person zum Betreuer bestellt, kann diese der Ehefrau erneut erhebliche Schwierigkeiten machen, zum Beispiel bestimmte Ausgaben verweigern.

Die Macht der Ärzte

Die Angehörigen haben, sofern sie keine Vollmacht und/oder Patientenverfügung vorlegen können, nur eingeschränkten Einfluss auf die medizinische Behandlung eines Unfallopfers oder eines Erkrankten. Zwar können und sollen die Ärzte mit den nahen Verwandten sprechen und sie informieren. Jeder Arzt wird auch zusammen mit den Verwandten nach einer einvernehmlichen Lösung suchen. Doch im Konflikt mit dem Arzt ziehen die Angehörigen immer den Kürzeren. Der Arzt trägt eine große Verantwortung, er kann sich über den Willen der Angehörigen hinwegsetzen und sich für die aus seiner Sicht optimale Therapie entscheiden, solange es niemanden gibt, der die juristisch einwandfreie Befugnis nachweisen kann, dass er stellvertretend für den Patienten Entscheidungen über die medizinische Behandlung oder deren Abbruch treffen kann.

Vorsorge für die Art der Pflege

Ähnliches gilt für die Pflege. Die Angehörigen haben nur geringe Möglichkeiten, auf die Art der Pflege Einfluss zu nehmen, wenn sie ohne Vollmacht der pflegebedürftigen Person auftreten. Gegen die heute in zahlreichen Einrichtungen oft aus wirtschaftlichen Gründen praktizierte „08/15-Not-Pflege" können sie letztlich nichts tun, wenn sie nicht ausdrücklich befugt sind, für den Betroffenen Entscheidungen zu treffen, der Einrichtung klare Vorgaben zu machen und über den Aufenthaltsort des Pflegebedürftigen zu bestimmen.

Betreuer und Betroffene

Fremde Personen als Betreuer

Wenn ein Erwachsener nicht mehr für sich selbst sorgen und Entscheidungen treffen kann oder seine Einsichtsfähigkeit deutlich vermindert ist, bestellt das Betreuungsgericht nach Einholung eines amtsärztlichen Gutachtens und einer Anhörung des Betroffenen einen Betreuer. Das sind in etlichen Fällen nahe Verwandte, sofern der Richter zu dem Schluss kommt, dass sie für diese Tätigkeit geeignet sind. Relativ häufig passiert es jedoch, dass eine fremde Person zum Betreuer bestellt wird, insbesondere dann, wenn es keine nahen Verwandten gibt. Obwohl die Tätigkeit professioneller und ehrenamtlicher Betreuer durch die gesetzlichen Vorgaben immer klarer geregelt wurde, kann niemand sicher sein, dass er als individuelle Person von einem Fremden exakt so betreut wird, wie er es sich bei vollem Bewusstsein gewünscht hätte.

Rechtzeitig handeln!

Es ist deshalb für Sie von großem Vorteil, wenn Sie rechtzeitig dafür sorgen, dass eine Person Ihres Vertrauens ab dem Zeitpunkt, zu dem Sie Ihre Angelegenheiten nicht mehr selbst erledigen können, stellvertretend für Sie handeln kann und nach Ihren Vorgaben all das tut, was Sie im Vollbesitz Ihrer geistigen Kräfte als richtig und gut festgelegt haben. Rechtzeitig heißt: bevor Sie betreuungsbedürftig geworden sind. Denn sobald der Amtsarzt festgestellt hat, dass Sie betreuungsbedürftig sind, können Sie einer

Person Ihres Vertrauens keine gültige Vorsorgevollmacht mehr erteilen.

EXPERTENTIPP

Eine Vollmacht errichten

Sie können eine Vorsorgevollmacht errichten,

- wenn Sie zu einer oder mehreren Personen aus Ihrer Verwandtschaft oder Bekanntschaft sehr großes Vertrauen haben;
- wenn eine oder mehrere Personen sich bereit erklären, die Verantwortung zu übernehmen, für Sie in einer ungewissen Zukunft als Bevollmächtigte zu handeln;
- wenn Sie davon überzeugt sind, dass eine bevollmächtigte Person besser für Sie sorgt als ein vom Gericht bestellter Betreuer;
- wenn Sie im Interesse Ihrer eigenen Person und Ihrer Familie Betreuungskosten vermeiden wollen;
- wenn Sie für die Durchsetzung Ihrer Patientenverfügung mit einer besonders befähigten, zum Beispiel juristisch versierten Person (Rechtsanwalt) vorsorgen wollen
- und wenn Sie zu dem Ergebnis gekommen sind, dass eine Betreuungsverfügung nicht die bessere Alternative zur Vorsorgevollmacht ist.

Sie sollten keine Vorsorgevollmacht erteilen, wenn Sie keine Person Ihres Vertrauens haben oder finden, die für Sie die Tätigkeit eines Bevollmächtigten ausüben könnte.

Vorsorgevollmacht für eine Person Ihres Vertrauens

Vertrauensperson erforderlich

Mit Ihrer Vorsorgevollmacht geben Sie als Vollmachtgeber einer Person Ihres Vertrauens die Möglichkeit, stellvertretend für Sie zu handeln, wenn Sie Ihre persönlichen Angelegenheiten nicht mehr selbstverantwortlich regeln können. Der oder die Bevollmächtigte handelt dann in Ihrem Namen im Rahmen der von Ihnen erteilten Vollmacht nach Ihren Vorgaben, nach Ihren persönlichen Überzeugungen, die ihm bekannt sind, und nach Ihrem mutmaßlichen Willen, soweit er ihn aus Ihrer Lebensführung, Ihren Wertvorstellungen und Ihren Vorgaben rekonstruieren kann.

Inhalte einer Vorsorgevollmacht

Umfang der Vollmacht klären

Welche Vollmacht Sie einer verwandten oder bekannten Person Ihres Vertrauens geben, ist Ihre ureigene, private Sache. Sie entscheiden über den Umfang Ihrer Vorsorgevollmacht nach Ihren Wünschen und Bedürfnissen. Sie können Ihre Vollmacht auf einen einzelnen Lebensbereich begrenzen oder eine Generalvollmacht erteilen oder eine Mischung von Vollmachten wählen, die Ihnen am günstigsten erscheint. Sie können auch mehrere Vollmachten an verschiedene Personen zu jeweils unterschiedlichen Lebensbereichen ausstellen (was in manchen Fällen sinnvoll ist, jedoch auch zu erheblichen Schwierigkeiten führen kann!). Darüber hinaus können Sie dafür sorgen, dass einer oder mehrere Vollmachtnehmer in ihrer gesamten Tätigkeit oder nur bei bestimmten Aktivitäten von Kontroll-Bevollmächtigten überwacht werden. Ihre Freiheit, andere zu bevollmächtigen, ist grenzenlos.

Mehrere Bevollmächtigte

Häufig erstreckt sich die Vollmacht auf die Bereiche Gesundheit und Pflege. In diesem Fall wird der Bevollmächtigte in die Lage versetzt, stellvertretend für Sie über die medizinische Behandlung und die Ausgestaltung der Pflege zu entscheiden. Wenn Sie wollen, dass der Bevollmächtigte die Einwilligung in eine das Leben gefähr-

Gesundheit und Pflege

dende Operation geben kann, muss dies ausdrücklich in der Vollmacht benannt sein. Ähnliches gilt ebenfalls für lebensverlängernde Maßnahmen und deren Abbruch. Ihr Bevollmächtigter kann stellvertretend für Sie sprechen und Sie gegenüber Ärzten und – bei schwierigen, genehmigungspflichtigen Entscheidungen – vor dem Betreuungsgericht vertreten, sofern Sie die Vollmacht übertragen haben, über lebensverlängernde Maßnahmen und deren Abbruch zu bestimmen.

Vertretung vor Gericht

Wenn Sie Ihre Behandlungswünsche in einer Patientenverfügung niedergelegt haben, können Sie Ihren Bevollmächtigten auch dazu verpflichten, exakt nach diesen Vorgaben zu handeln.

Mittels einer Vorsorgevollmacht können Sie auch Entscheidungen über die Pflege und die Wahl eines Pflege- oder Seniorenheims an eine vertraute Person delegieren. Dies ist auch sinnvoll, wenn Sie Wert auf eine ganz bestimmte, individuell gestaltete Pflege legen oder von Ihnen abgelehnte Pflegemaßnahmen verhindern wollen. Eng damit verknüpft erhalten die Vollmachtnehmer häufig die Möglichkeit, über den Aufenthaltsort des Vollmachtgebers und die Auflösung seiner Wohnung zu entscheiden.

Auswahl des Pflegeheims

Ein weiterer Bereich, den Sie in Ihrer Vorsorgevollmacht regeln können, betrifft die Ermächtigung, Sie gegenüber Behörden zu vertreten. Noch einmal ein anderes Gebiet ist die Vertretung gegenüber Banken und die Regelung finanzieller Angelegenheiten. Schließlich ist noch die Postvollmacht zu nennen, die es möglich macht, Briefe entgegenzunehmen und zu beantworten.

Vertretung gegenüber Behörden und Banken

GUT ZU WISSEN

Diese Kompetenzen können Sie übertragen

- Entscheidung über medizinische Behandlung
- Möglichkeit, über Ausgestaltung der Pflege zu bestimmen
- Regelung des Aufenthalts und von Wohnungsangelegenheiten
- Vertretung gegenüber Behörden und Versicherungen
- Vermögensverwaltung (Geldanlagen, Grundstücksverwaltung etc.)
- Erledigung finanzieller Angelegenheiten (Bezahlung von Rechnungen, Miete)
- Private Korrespondenz mit Verwandten, Freunden, Kollegen
- Vertretung vor Gericht
- Erteilung von Untervollmacht
- Befugnis, Schenkungen gegenüber Personen und Institutionen vorzunehmen

Generalvollmacht, Geschäfte und Gefahren

Unbegrenzte Vollmacht

Die am weitesten gehende Art der Vorsorgevollmacht ist die Generalvollmacht. Sie ermächtigt Ihre Vertrauensperson, Sie uneingeschränkt nach außen zu vertreten. Der Vollmachtnehmer darf damit alle Rechtsgeschäfte tätigen, die dem Vollmachtgeber selbst möglich sind. Mit einer Generalvollmacht kann der Bevollmächtigte zum Beispiel Verbindlichkeiten für den Vollmachtgeber eingehen oder Schenkungen aus seinem Vermögen vornehmen.

Soll die Vertrauensperson auch Grundstücksgeschäfte tätigen dürfen, bedarf die Vollmacht der notariellen Beur-

Notarielle Beurkundung

kundung. Dies gilt auch für Bevollmächtigungen im gewerblichen Bereich. Eine Generalvollmacht setzt jedoch ein uneingeschränktes Vertrauen in die Person des Bevollmächtigten voraus, da dieser nach außen rechtswirksam Geschäfte für den Vollmachtgeber tätigen kann, selbst wenn diese Rechtsgeschäfte dem früher geäußerten und mutmaßlichen Willen sowie dem offenkundigen, eindeutigen Interesse des Vollmachtgebers nicht entsprechen.

Schutz vor Missbrauch

Vor Missbrauch einer Vollmacht kann man sich schützen. Dies ist möglich durch die Einsetzung von zwei oder mehreren Bevollmächtigten, die nur gemeinsam handeln dürfen. Darüber hinaus kann die Möglichkeit, über Geld zu verfügen, der Höhe nach beschränkt werden.

BEISPIEL

Formulierungsvorschlag für die Einschränkung

„Der Bevollmächtigte darf monatlich Beträge bis maximal 1.000 € vom Konto abheben, um sie zweckentsprechend zu verwenden."

EXPERTENTIPP

Sich an Fachleute wenden

Je größer Ihr Vermögen ist und je mehr Befugnisse Sie einer vertrauten Person übertragen wollen, desto stärker sollten Sie auf eine juristisch einwandfreie vertragliche Regelung setzen. In der Materie Vorsorgevollmacht, Grundvertrag und Geschäftsbesorgungsvertrag versierte Anwälte (vgl. Seite 132) können Ihnen helfen, nach Ihren Vorstellungen Vollmachten und Verträge zu entwerfen.

CHECKLISTE

Das Erstellen einer Vorsorgevollmacht

- Prüfung, ob Vorsorgevollmacht überhaupt gewünscht wird
- Suche nach einer oder mehreren Vertrauenspersonen
- Gespräche, ob Bereitschaft besteht, diese Aufgabe zu übernehmen, eventuell auch in wechselseitigem Interesse unter guten Freunden
- Sammlung von Inhalten, die geregelt werden sollten
- Textentwurf für Grundvertrag (mit dem oder den Bevollmächtigten) und Vorsorgevollmacht (Vollmacht, gegenüber Dritten zu handeln)
- Einverständnis der Bevollmächtigten zu den Texten
- Prüfung/Optimierung der Entwürfe durch Juristen
- Reinfassung
- Unterschrift
- Hinterlegung

Häufige Fehler

Keine Bedingungen aufnehmen

Damit eine Vorsorgevollmacht ihren Zweck erfüllen kann, sollten keine schwer einzuhaltenden Bedingungen darin vorkommen, die gegeben sein müssen, bevor der Bevollmächtigte als solcher handeln darf. So ist es zum Beispiel nicht sinnvoll, in eine Vollmacht Bestimmungen aufzunehmen, wonach sie erst dann wirksam wird, wenn die Geschäfts- und Handlungsunfähigkeit des Vollmachtgebers durch einen oder sogar mehrere Ärzte festgestellt wurde. Eine solche Bestimmung verhindert im Notfall die rasche Handlungsfähigkeit des Bevollmächtigten, die ja gerade erreicht werden soll, und sorgt für Verunsicherung bei Ärzten, Behörden, Banken, Geschäfts- und Vertragspartnern.

Die Vorsorgevollmacht selbst sollte nur Regelungen für das Handeln des Bevollmächtigten im „Außenverhältnis“ gegen-

Trennung von Außen- und Innenverhältnis

über Ärzten, Behörden, Banken oder Vertragspartnern enthalten. Das „Innenverhältnis" zwischen dem Vollmachtgeber und der von ihm bevollmächtigten Vertrauensperson sollte dagegen getrennt von der Vorsorgevollmacht schriftlich geregelt werden. Alles, was dieses Innenverhältnis betrifft, zum Beispiel Regelungen über die Rechenschaftslegung, die Vergütung oder die Haftung des Bevollmächtigten, sollte nicht im Außenverhältnis kommuniziert werden.

Allzu offene Information über diese Dinge, die keinen Außenstehenden etwas angehen, kann den Bevollmächtigten schwächen, was vom Vollmachtgeber kaum gewollt sein kann. Findet ein Arzt in der Vollmacht ausführliche Bestimmungen, ab wann der Bevollmächtigte tätig werden kann, kann er eine Debatte darüber eröffnen, ob die offen gelegten Voraussetzungen bereits erfüllt sind und der Bevollmächtigte schon befugt ist, stellvertretend für den Vollmachtgeber zu handeln. Dies kann nicht in dessen Interesse sein. Wenn ein Vollmachtgeber dem Bevollmächtigten nicht das Vertrauen entgegenbringt, dass er selbst ermessen kann, ab wann er nach den im Grundvertrag vereinbarten Voraussetzungen stellvertretend für ihn handeln soll, sollte er ganz darauf verzichten, eine Vorsorgevollmacht zu errichten.

Präzise Formulierung

EXPERTENTIPP

So konkret wie möglich

Wer eine Vorsorgevollmacht verfasst, sollte darauf achten, dass die Regelungen so konkret wie möglich formuliert sind, um ihre Wirksamkeit sicherzustellen. Wo es möglich ist, sollte man den gesetzlichen Wortlaut wählen. Dies gilt vor allem für die Benennung des Bevollmächtigten und seiner Befugnisse. Nur eine vollständige Nennung der wesentlichen Betreuerbefugnisse oder eine Generalvollmacht kann eine Amtsbetreuung wirksam ausschließen. Wer sich unsicher ist, sollte auf jeden Fall einen in der Materie „Vorsorgevollmacht" versierten Juristen einschalten.

Respekt gegenüber Vorsorgevollmacht und Bevollmächtigtem

Adressaten der Vollmacht

Entsprechend dem vom Vollmachtgeber gewählten Umfang der Vorsorgevollmacht haben verschiedene Personen und Organisationen im Außenverhältnis die Vollmacht zu respektieren. Im Einzelnen können das Ärzte, Behörden, Banken, Heimbetreiber, Pflegekräfte sowie Geschäfts- und Vertragspartner sein. Sie müssen nach den vom Bevollmächtigten vorgetragenen Wünschen, Entscheidungen und Anordnungen handeln, auch dann, wenn sie dagegen massive Bedenken haben.

Lediglich bei Ärzten und Heimbetreibern kann es sein, dass sie mit stichhaltigen medizinischen Begründungen oder unter Hinweis auf eigene vertragliche Verpflichtungen (Pflegevertrag) das Handeln nach Vorgabe des Bevollmächtigten ablehnen können. Gesetzt den Fall, der Bevollmächtigte hat die Befugnis zu Entscheidungen über die medizinische Behandlung, die Ausgestaltung der Pflege und den Aufenthaltsort, kann er jedoch bei einem Konflikt den Vollmachtgeber von einem Arzt seiner Wahl behandeln und in einer von ihm gewählten Einrichtung pflegen lassen.

Gültigkeitsdauer

Erlöschen durch Tod

Anders als bei anderen Vollmachten geht die Rechtsprechung davon aus, dass die Vorsorgevollmacht mit dem Tod des Vollmachtgebers erlischt, es sei denn, es ergibt sich aus dem Dokument ein anders lautender Wille des Vollmachtgebers. Um hier für Klarheit zu sorgen, sollte man, sofern gewollt, eine „transmortale Vorsorgevollmacht" (die Vorsorgevollmacht über den Tod hinaus) wählen.

Vollmacht über den Tod hinaus

Eine Vollmacht, die über den Tod des Vollmachtgebers hinaus gilt, ist vor allem deshalb in vielen Fällen sinnvoll, weil sich die meist notwendige Erteilung eines Erbscheines oder eines Testamentsvollstrecker-Zeugnisses über mehrere Monate hinziehen kann. Mit der transmortalen Vorsorgevollmacht bleibt der Bevollmächtigte auch in dieser Zeit handlungsfähig, sofern seine Befugnisse den finanziellen und rechtsgeschäftlichen Bereich umfassen. Die über den Tod hinaus gültige Vorsorgevollmacht ist insbesondere dann sinnvoll, wenn der Bevollmächtigte zugleich Erbe wird.

Vorsorgevollmacht und Patientenverfügung

Vorsorgevollmacht und Patientenverfügung trennen

Die Errichtung einer Vorsorgevollmacht zusammen mit einer Patientenverfügung in einem Schriftstück ist nicht sinnvoll, weil die beiden Dokumente unterschiedliche Funktionen und Adressaten haben. Die Patientenverfügung gibt Ärzten und Pflegeverantwortlichen Auskunft darüber, wie sie eine bestimmte Person behandeln und pflegen sollen, die ihren Willen nicht mehr äußern kann. Sie sollte leicht auffindbar und anforderbar sein (in den persönlichen Unterlagen, bei Verwandten, Bekannten, bei einem Anwalt oder einer Organisation) und in mehrfacher Ausfertigung aufbewahrt werden.

Die Vorsorgevollmacht kann sich ebenfalls auf den medizinischen und pflegerischen Bereich erstrecken, muss es aber nicht. In vielen Fällen wird sie sich nicht darauf beschränken.

Rechtzeitige Aushändigung

Der Vollmachtgeber sollte die Vollmacht frühzeitig dem oder den ausgewählten bevollmächtigten Vertrauenspersonen übergeben, damit sie bei Eintritt seiner Geschäftsunfähigkeit stellvertretend für ihn in seinem Sinne handeln können.

Es ist außerordentlich sinnvoll, Vorsorgevollmacht und Patientenverfügung aufeinander abzustimmen. In jedem Fall ist es richtig, auch den Bevollmächtigten zu verpflichten, alles zu tun, um die in der Patientenverfügung niedergelegten Anordnungen umzusetzen. Wer großen Wert auf die Durchsetzung seines Willens legt, den er in der Patientenverfügung geäußert hat, sollte eine durchsetzungsfähige, möglichst juristisch ausgebildete Vertrauensperson bevollmächtigen, seine Interessen gegenüber Ärzten, Krankenhäusern, Pflegeeinrichtungen und Gerichten zu vertreten.

Das neue Gesetz über die Patientenverfügung, das zum 1.9.2009 in Kraft getreten ist, regelt, dass bestimmte ärztliche Maßnahmen der Einwilligung des Bevollmächtigten und der Genehmigung des Betreuungsgerichts bedürfen. Es handelt sich um Eingriffe, die befürchten lassen, dass der Patient stirbt oder einen dauernden gesundheitlichen Schaden erleidet. Der Bevollmächtigte kann aber nur einwilligen, die Einwilligung widerrufen oder nicht einwilligen, wenn dies in der Vollmachtsurkunde ausdrücklich so geregelt ist. Eine entsprechende mündliche Bevollmächtigung reicht also nicht aus.

Schriftform notwendig

Auswahl des Bevollmächtigten

Wichtige Kriterien

Die Auswahl des Bevollmächtigten sollte nach einer Reihe von Kriterien erfolgen, die jeder Vollmachtgeber für sich individuell festlegen kann. Wichtige Kriterien sind:

Gesundheitliche und altersmäßige Eignung

Ehepartner und Lebensgefährten kommen bei vielen Paaren sicher als nahe Vertrauenspersonen für die Tätigkeit des oder der Bevollmächtigten in Frage. Es ist jedoch Folgendes zu beachten: Wenn Eheleute oder Lebensgefährten sich im Alter von 60 Jahren wechselseitig Vorsorgevollmachten ausstellen, müssen sie damit rechnen, dass einer der beiden im hohen Alter möglicherweise nicht mehr in der Lage ist, als Bevollmächtigter die Interessen des ebenfalls betagten Partners mit dem erforderlichen Nachdruck zu vertreten. Sollte Ihr Bevollmächtigter eines Tages selbst betreuungsbedürftig werden, ist die Vorsorgevollmacht, die Sie ihm erteilt haben, höchst problematisch. Ihr Bevollmächtigter kann dann nichts für Sie tun, und das Betreuungsgericht geht davon aus, dass Sie keinen Betreuer brauchen (weil ja eine Vorsorgevollmacht existiert). Es ist vorstellbar, dass Sie dann nicht die Hilfe und Unterstützung erhalten, auf die Sie dringend angewiesen sind. Im günstigsten Fall kümmert sich jemand aus Ihrem persönlichen Umfeld (Verwandter, Freund, Arzt, Nachbar) um Sie und wendet sich an das Betreuungsgericht. Es kann dann passieren, dass das Betreuungsgericht auf den Hinweis reagiert und für Sie einen Betreuer bestimmt (was Sie mit der Vorsorgevollmacht ja vermeiden wollten).

Bevollmächtigter sollte selbst gesund sein

Angesichts dieser Problematik kommen aus der Familie die eigenen Kinder, ja sogar die Enkel in Frage, denn der Zeitpunkt, zu dem die Vorsorgevollmacht helfen soll, liegt in der Mehrzahl der Fälle in einer fernen, kaum vorhersehbaren Zukunft, in der die oder der Bevollmächtigte ebenfalls gealtert ist. In etlichen Fällen macht es Sinn, den Partner als Bevollmächtigten und eines oder mehrere Kinder (in einer festgelegten Reihenfolge) oder andere Personen als Ersatz-Bevollmächtigte einzusetzen. Es ist auch sehr zu empfehlen, von Zeit zu Zeit erneut zu überprüfen,

Verwandte als Bevollmächtigte

ob der einmal gewählte Bevollmächtigte wirklich noch geeignet ist.

Bereitschaft

Keine Vollmacht aufdrängen

Eine Person Ihres Vertrauens muss bereit sein, die Verantwortung für Sie zu übernehmen, die Sie ihr übertragen wollen. Sie sollten eine aus Ihrer Sicht geeignete Person, die sich mit allen möglichen – fadenscheinigen oder auch einleuchtenden – Argumenten wehrt, unter keinen Umständen bedrängen, diese vertrauensvolle Tätigkeit zu übernehmen. Dagegen kommt eine Person in Frage, die Ihnen nicht nur spontan, sondern auch nach reiflicher Überlegung zusichert, dass sie die ihr zugedachte Aufgabe wahrnehmen will und sich dazu auch in der Lage sieht. Übrigens können Sie bestimmte Personen nach dem Betreuungsgesetz nicht bevollmächtigen. Sie können zum Beispiel Pflegekräften oder Pflegeleitungen, von denen Sie abhängig sind (weil Sie von ihnen in einer Einrichtung gepflegt werden), keine Vorsorgevollmacht geben, auch wenn Sie den jeweiligen Personen weit und breit das größte Vertrauen entgegenbringen.

Persönliche Eignung/Vertrauen

Vertrauensperson auswählen

Bevollmächtigte können im Rahmen ihrer Befugnisse völlig frei schalten und walten. Sie unterliegen dann, wenn sie stellvertretend für Sie handeln, nicht der Kontrolle durch das Betreuungsgericht. Für diese Tätigkeit kommt daher nur eine Person in Frage, der Sie absolut vertrauen können. Vertrauen kann man auch an Fakten festmachen. Ein Verwandter, der einen Berg Schulden vor sich herschiebt, ist kaum geeignet, als Bevollmächtigter Ihr Vermögen zu verwalten, auch dann nicht, wenn er sich in finanziellen

Dingen aufgrund seiner Ausbildung besonders gut auskennt. Ein Freund, der selbst in gesicherten finanziellen Verhältnissen lebt und auf Ihr Geld nicht angewiesen ist, könnte dagegen die richtige Wahl sein, wenn es darum geht, einen Bevollmächtigten für die Vermögensverwaltung zu finden. Je schwieriger die Aufgabe ist, je mehr juristische Kenntnis gefordert ist, desto stärker kommt auch ein Profi (zum Beispiel ein erfahrener Anwalt) als Bevollmächtigter in Frage.

Auf Kompetenz und Unabhängigkeit achten

Durchsetzungsfähigkeit

Ihr Bevollmächtigter muss in der Lage sein, Ihre Interessen und Wünsche wirkungsvoll zu vertreten. Das bedeutet, dass die Person sowohl im Gespräch als auch im Schriftverkehr überzeugend, klar und konsequent handeln können muss. Bitte beachten Sie, dass Ihr Bevollmächtigter sich möglicherweise gegen erhebliche Widerstände von Ärzten, Behörden und Familienmitgliedern behaupten muss. Durchsetzungsfähigkeit ist bei Konflikten – etwa bei Entscheidungen über den Abbruch lebensverlängernder Maßnahmen – außerordentlich wichtig.

Starke Persönlichkeit gefragt

Wohnort der Vertrauensperson

Nicht zwingend, aber doch nicht ganz unwichtig ist es, dass die von Ihnen ausgewählte Vertrauensperson nicht allzu weit weg von Ihnen wohnt. Denn im Notfall ist es schwierig oder sogar unmöglich, sich über weite Entfernungen hinweg ein Bild von der Lage vor Ort zu machen, wichtige persönliche Gespräche zu führen und notwendige finanzielle Transaktionen zu erledigen. Eine Person, die vor Ort lebt und arbeitet, ist in der Regel einer Person vorzuziehen, die ihren Lebensmittelpunkt weit entfernt

Örtliche Nähe empfehlenswert

hat. Falls Sie jedoch Ihrer Tochter, die in einer 400 Kilometer entfernten Stadt lebt, mehr Vertrauen schenken als dem Sohn, der vor Ort wohnt, sollten Sie sich eher für die Tochter entscheiden, die sicher bereit ist, zu reisen, wenn sie als Bevollmächtigte benötigt wird.

Krankheit, Abwesenheit und Tod eines Bevollmächtigten

Was passiert, wenn die bevollmächtigte Vertrauensperson vor Ihnen verstirbt oder – aus welchen Gründen auch immer – Ihnen gegenüber signalisiert, dass sie die übertragene Aufgabe nicht mehr wahrnehmen kann oder will? Im einen wie im anderen Fall sollten Sie die erteilte Vorsorgevollmacht vernichten und eine andere Vertrauensperson bevollmächtigen. Sonst ist es irgendwann einmal möglich, dass das Betreuungsgericht nach Hinweisen aus Ihrem persönlichen Umfeld aktiv wird und einen Amtsbetreuer bestellt.

Ersatzbevollmächtigten benennen

Anders stellt sich dies dar, wenn Sie in Ihrer Vorsorgevollmacht bereits einen oder mehrere Ersatzbevollmächtigte eingesetzt haben. Dies ist sinnvoll, wenn absehbar ist, dass der ursprünglich benannte Bevollmächtigte eines Tages aus Altersgründen nicht mehr als Bevollmächtigter stellvertretend für Sie handeln kann.

Untervollmacht zulassen

Zweckmäßig ist es auch, dem Bevollmächtigten für näher bezeichnete Umstände wie zum Beispiel Krankheit oder vorübergehende Abwesenheit das Recht einzuräumen, Untervollmachten zu erteilen. Sie sollten aber eine Regelung vermeiden, wonach eine Untervollmacht oder Ersatzbevollmächtigung dann eintritt, wenn der Bevollmächtigte selbst nicht mehr in der Lage sein sollte, seine Aufgaben wahrzunehmen. Denn der Ersatzbevollmächtigte müsste dann erst selbst nachweisen, dass der Hauptbevollmächtigte hierzu nicht mehr in der Lage ist, was unter Umständen sehr zeitaufwändig oder gar unmöglich sein kann.

Missbrauch einer Vorsorgevollmacht: Risiken und Gegenmittel

Jede Vertretungsregelung birgt das Risiko des Missbrauchs in sich. Die Gefahr, dass ein Bevollmächtigter im medizinischen Bereich nicht den Willen des Vollmachtgebers vertritt, dürfte allenfalls dann gegeben sein, wenn die Wertvorstellungen der beiden stark voneinander abweichen. Denkbar ist auch, dass ein Bevollmächtigter nur die Befugnisse ausnutzt, die für ihn interessant sind, und vieles nicht tut, was der Vollmachtgeber ihm als Aufgabe mit auf den Weg gegeben hat.

Generalvollmacht nicht ohne Risiko

Das mit Abstand größte Risiko birgt eine uneingeschränkte Generalvollmacht. Es ist möglich, dass die bevollmächtigte Vertrauensperson die Konten vollständig räumt und sich persönlich bereichert. Dieses Risiko ist auch gegeben, wenn eine Vorsorgevollmacht weit reichende Befugnisse zur Erledigung finanzieller Angelegenheiten beinhaltet und den Bevollmächtigten mit Bankvollmacht ausstattet.

Rechenschaftspflicht als Mittel der Kontrolle

Allerdings ist der Vollmachtnehmer gegenüber dem Vollmachtgeber und seinen Erben rechenschaftspflichtig. Hat er gegen die im Grundvertrag (vgl. Kapitel 4) niedergelegten Vorgaben des Vollmachtgebers verstoßen, können Regressansprüche geltend gemacht werden. Jeder betrügerische Vollmachtnehmer wird sich jedoch darauf berufen, das Geld bereits ausgegeben zu haben. Der Vollmachtgeber und seine Erben werden in der Regel wenig erreichen können, wenn sie vor Gericht ziehen und berechtigte Schadenersatzforderungen einklagen.

Schutz durch Kontrollbevollmächtigten

Gegen Missbrauch einer Vorsorgevollmacht kann man sich schützen. Es gibt viele Möglichkeiten. Um das Abräumen von Konten zu verhindern, empfiehlt es sich, die Befugnis, Geld abzuheben und zu überweisen, auf bestimmte Höchstbeträge zu begrenzen. Man kann auch bestimmen, dass bei höheren Beträgen ein Kontrollbevollmächtigter seine Zustimmung geben muss. Sinnvoll ist auch eine Regelung, die besagt, dass die zweckentsprechende Verwendung der vorhandenen Geldmittel generell von einer festgelegten anderen Person, zum Beispiel einem Verwandten, einem Steuerberater oder einem Anwalt, gegengezeichnet werden muss. Wer allerdings allzu große Hürden aufbaut und mit juristischen Winkelzügen großes Misstrauen signalisiert, ohne die dadurch entstehende Arbeit zu entlohnen, riskiert, dass der Bevollmächtigte die Tätigkeit entweder gar nicht übernimmt oder später niederlegt.

Es ist auch denkbar, dass ein Bevollmächtigter seine Arbeit einstellt. In diesem Fall können sich Verwandte an das Betreuungsgericht wenden und die Bestellung eines Betreuers erwirken, sofern kein Ersatzbevollmächtigter benannt wurde.

Geldleistung oder Gotteslohn

Vergütung regeln

Mit der Unterschrift unter eine Vorsorgevollmacht entsteht zugleich ein Auftragsverhältnis zwischen dem Vollmachtgeber und dem Bevollmächtigten. Ist für die Ausführung eine Vergütung vereinbart, so handelt es sich um einen „Geschäftsbesorgungsvertrag". Der Vollmachtgeber ist dann verpflichtet, die vereinbarte Vergütung zu zahlen. In jedem Fall, auch dann, wenn keine Vergütung vereinbart ist, hat der Bevollmächtigte einen Anspruch auf Ersatz für seine Auslagen, es sei denn, auch dies wurde ausgeschlossen. Der Bevollmächtigte hat keinen Vergütungsanspruch, sofern nichts vereinbart ist. Er erbringt seine Leistungen dann gegen Gotteslohn.

Auslagenersatz nach Gesetz

Unter Verwandten ist eine Vergütung eher unüblich, zumal der Bevollmächtigte häufig auch Erbe oder Miterbe ist. Lediglich bei umfangreichen Aufgaben – Verwaltung von Mietshäusern, Geschäftsführung von Firmen – ist auch zwischen Verwandten eine Vergütung Usus.

Sehr gute Freunde arbeiten nicht selten als Bevollmächtigte, ohne Geld dafür zu nehmen. Sie betrachten die Hilfe als eine Ehrensache und lehnen Zahlungen ab, insbesondere dann, wenn sie nicht darauf angewiesen sind.

Vergütung für Fachleute

Je weniger eng und freundschaftlich das Verhältnis zwischen dem Bevollmächtigten und dem Vollmachtgeber ist, je stärker die Beteiligten die Tätigkeit des Bevollmächtigten als berufliche Aktivität verstehen, desto eher ist eine Vergütung üblich. Wer beispielsweise umfangreiche Vertretungsaufgaben an einen Anwalt überträgt, weil er auf dessen juristische Kompetenz und menschliche Integrität besonderen Wert legt, muss diesen nach den üblichen Gebührensätzen bezahlen.

Tätigkeitsnachweise sind wichtig

Tätigkeitsnachweis wichtig

Der Bevollmächtigte sollte während seiner gesamten Tätigkeit beachten, dass er gegenüber dem Vollmachtgeber und dessen Erben grundsätzlich zu jeder Zeit auskunfts- und rechenschaftspflichtig ist. Wer sich vor Ärger schützen will, ist gut beraten, sämtliche Ausgaben und Aktivitä-

Belege sammeln

ten vollständig zu dokumentieren, möglichst durch Buchhaltung und Belege. Viele ältere Menschen sind außerordentlich misstrauisch gegenüber anderen, auch vertrauten Personen. Der Bevollmächtigte sollte daher ein Haushaltsbuch führen oder Einnahmen und Ausgaben durch eine überschaubare Buchführung dokumentieren. Wer über die Kontovollmacht verfügt, sollte die Kontoauszüge sammeln, um die Verwendung der Mittel bis zum letzten Cent nachweisen zu können.

Formerfordernisse

Schriftlich besser als mündlich

Eine Vorsorgevollmacht kann im Regelfall ohne Einhaltung einer bestimmten Form errichtet werden. Sogar mündliche Vorsorgevollmachten sind möglich, als Beweis kommen in diesem Fall Zeugenaussagen in Betracht. Um Zweifel an der Existenz der Vorsorgevollmacht zu vermeiden, ist die Schriftform zu empfehlen. Im Gegensatz zum Testament muss der Vollmachtgeber das Dokument aber nicht handschriftlich niederlegen, sondern kann auch einen Text unterzeichnen, der mit der Maschine oder von einer anderen Person geschrieben wurde.

EXPERTENTIPP

Uneinheitliche Praxis

Im Zuge der Planung Ihrer Vorsorgevollmacht sollten Sie Kontakt mit Ihrem Geldinstitut aufnehmen, klären, welche Form für die Bankvollmacht erforderlich ist, und sich mündlich erteilte Auskünfte schriftlich bestätigen lassen. Denn viele Banken akzeptieren häufig nur die eigenen Standardformulare. Angesichts dieser uneinheitlichen Praxis können Sie mit der Beachtung der bankspezifischen Vorgaben Ihrem Bevollmächtigten und sich selbst böse Überraschungen ersparen.

Sie sollten unbedingt beachten, dass die Banken derartige mit der Hand oder Maschine geschriebene Vollmachten in der Regel nicht akzeptieren und auf ihre eigenen Vordrucke pochen.

Besonderheit bei Bankgeschäften

Die notarielle Beurkundung ist dann erforderlich, wenn Sie dem Bevollmächtigten die Möglichkeit einräumen wollen, für Sie Grundstücksgeschäfte zu tätigen, gewerbliche Aktivitäten weiterzuführen oder eine Firma zu leiten. Ohne notarielle Beurkundung müsste zur Erledigung dieser Aufgaben vom Betreuungsgericht ein „Ergänzungsbetreuer“ bestellt werden.

Notarielle Form nur ausnahmsweise notwendig

KAPITEL 4

Der Grundvertrag

Das Problem: Die richtige Basis für die Zusammenarbeit von Vollmachtgeber und Bevollmächtigtem

Niemand erteilt einer anderen Person nur zum Spaß oder aus einer Laune heraus eine Vollmacht, schon gar nicht eine Vorsorgevollmacht mit weit reichenden Befugnissen. Es kommt vielmehr auf lupenreine, juristisch eindeutige und wasserdichte Regelungen an, die gewährleisten, dass der Wille des Vollmachtgebers möglichst „eins zu eins" umgesetzt wird. Dies wiederum ist nur möglich, wenn das „Innenverhältnis" zwischen Vollmachtgeber und -nehmer genauso perfekt geregelt ist wie all das, was das „Außenverhältnis" (gegenüber Dritten) betrifft. Im Außenverhältnis arbeitet der Bevollmächtigte auf der Basis der ihm übertragenen Rechtsmacht. Durch die Vorlage der Vollmacht ist er in der Lage, für den Vollmachtgeber anderen gegenüber rechtsgeschäftlich wirksame Erklärungen abzugeben. In der Vollmacht, die er verwendet, ist das „rechtliche Können" verbrieft.

Das Außenverhältnis

„Können" und „Dürfen" des Bevollmächtigten

Das „rechtliche Können" dank Vollmacht reicht jedoch nicht aus, um die Arbeit des Bevollmächtigten nach den Wünschen und Vorstellungen des Vollmachtgebers ausreichend zu regeln. Mindestens ebenso wichtig ist eine glasklare und eindeutige Antwort auf die Frage, was der

Bevollmächtigte im Rahmen seiner Tätigkeit mit der Vollmacht tun darf („rechtliches Dürfen"). Es geht hier darum, dass beide Seiten sich darüber klar werden, was genau der Bevollmächtigte in einer noch nicht absehbaren Zukunft für den Vollmachtgeber tun soll, um dessen Willen vollständig umzusetzen.

Das Innenverhältnis

Häufig wird das Innenverhältnis zwischen dem Vollmachtgeber und dem Bevollmächtigten übersehen und gar nicht oder nur unzureichend geregelt, so dass vermeidbarer Ärger programmiert ist. Es kommt also entscheidend darauf an, dass nicht nur die Vorsorgevollmacht hundertprozentig genau formuliert wird, sondern auch ein Vertrag für das Innenverhältnis – die Rechtsbeziehungen zwischen dem Vollmachtgeber und dem Bevollmächtigten – abgeschlossen wird. Ein solcher Vertrag heißt „Grundvertrag".

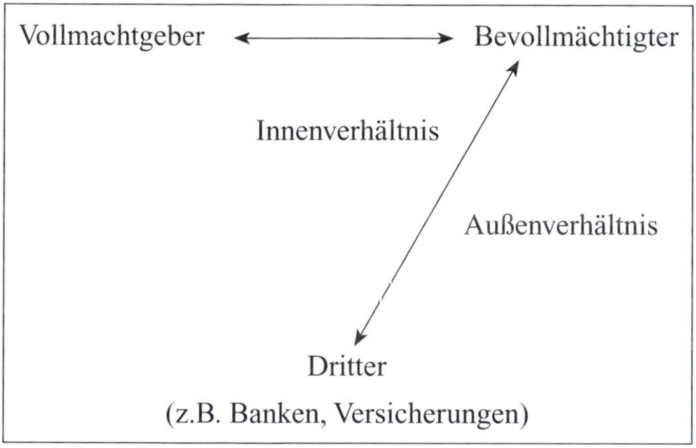

Der Grundvertrag stellt die rechtliche Grundlage für die im Außenverhältnis einzusetzende Bevollmächtigung dar. Wird der Bevollmächtigte gegen Entgelt tätig, liegt ein Geschäftsbesorgungsvertrag nach § 675 BGB vor. Wird der Bevollmächtigte unentgeltlich tätig, liegt ein Auftragsverhältnis nach § 662 BGB zwischen ihm und dem Vollmachtgeber vor.

Der Zweck des Grundvertrages

Es spielt keine Rolle, ob es sich um einen Geschäftsbesorgungsvertrag oder einen Auftrag handelt, der Grundvertrag kann dem Bevollmächtigten im Innenverhältnis verbindlich Wünsche und Anweisungen des Vollmachtgebers an die Hand geben. Die Wertvorstellungen und Handlungsanweisungen, welche der Vollmachtgeber im Grundvertrag niederlegt, hat der Bevollmächtigte sorgfältig und gewissenhaft zu berücksichtigen. Hierzu ist er verpflichtet.

Pflichten des Bevollmächtigten

EXPERTENTIPP

Keine Wertvorstellungen

Als Vollmachtgeber sollten Sie Ihre Wertvorstellungen nicht in die Vollmachtsurkunde schreiben. Sie sollten vermeiden, dass Dritte (zum Beispiel Banken und Behörden) über die Vollmacht von Ihren privaten persönlichen Einschätzungen und Vorstellungen erfahren. All das geht niemanden etwas an, außer Sie selbst und Ihren Bevollmächtigten. Klären Sie Ihre Wertvorstellungen, Wünsche und Weisungen mit dem Bevollmächtigten im Innenverhältnis und legen Sie diese Vorgaben für den Bevollmächtigten in einem Grundvertrag fest.

Anweisungen zur Verwaltung des Vermögens

Vorgaben zur Vermögensverwaltung

Sie können dem Bevollmächtigten genaue Vorgaben machen, auf welche Weise er Ihr Vermögen zu verwalten hat. Diese konkreten Richtlinien hat er genauestens zu beachten. Sie können zudem regeln, in welchem Umfang die Geldmittel für Ihren laufenden Lebensunterhalt verwendet werden müssen. Auch die Anlage von Vermögen (zum Beispiel in Aktien, Fonds, Sparzertifikaten) können Sie hier verbindlich vorschreiben.

Bedenken Sie bitte auch, dass sich die allgemeinen Rahmenbedingungen für die Vermögensverwaltung stark verändern können, Ihr Bevollmächtigter aber nicht von Ihren Vorgaben abweichen kann. Wenn Sie ihn durch allzu detaillierte Regelungen in seiner Entscheidungsfreiheit einschränken, kann er auf veränderte Umstände nicht in einer Weise reagieren, die Sie selbst im Vollbesitz Ihrer geistigen Kräfte gewählt hätten.

Schränken Sie den Bevollmächtigten nicht zu sehr ein!

BEISPIEL

Negative Einschränkung

Ein Vollmachtgeber schreibt dem Bevollmächtigten vor, sein Geld zu 50 Prozent in Aktien und hier wiederum ausschließlich in Aktien der Firmen A, B und C anzulegen. In diesem Fall kann der Bevollmächtigte nicht auf einen sich abzeichnenden Börsencrash oder den bevorstehenden Niedergang der Firmen A, B und C reagieren. Er ist bei derart engen Vorgaben nicht in der Lage, so zu handeln, wie es der Vollmachtgeber als gewiefter Anleger selbst über Jahrzehnte hinweg bei bester Gesundheit getan hat.

Sie können auch vorschreiben, dass der oder die Bevollmächtigte einmalig oder regelmäßig bestimmte Beträge an (näher benannte oder allgemein charakterisierte) kirchliche, wohltätige, gemeinnützige Organisationen oder wissenschaftliche Einrichtungen zu zahlen hat.

Man kann seinem Bevollmächtigten auch die Weisung erteilen, überhaupt keine Rechtsgeschäfte vermögensrechtlicher Art vorzunehmen oder dies nur unter ganz bestimmten Bedingungen zu tun, bzw. die Vermögensverwaltung begrenzen. Beispielsweise kann man untersagen, Kredite aufzunehmen, Immobilien zu veräußern oder bewegliche Gegenstände zu verkaufen. Der Vollmachtgeber sollte in diesem Fall auch keine Vollmacht zu solchen Geschäften geben.

BEISPIEL

Formulierungsvorschlag für eine Anweisung

„Ich weise meinen Bevollmächtigten an, meinen Kindern und Enkelkindern ein monatliches Taschengeld in Höhe von jeweils 50,00 € zu zahlen. Mein Bevollmächtigter soll zu Geburtstagen, an Weihnachten und an Ostern meinen Kindern jeweils einen Betrag von 200,00 € schenken. Er hat karitativen Einrichtungen jährlich einen Betrag von 10.000,00 € zu spenden, so wie ich dies bisher getan habe.
Außerdem hat er mit einem Mitarbeiter meiner Hausbank zu beraten, wie mein Vermögen anzulegen ist. Spekulationsgeschäfte dürfen nur insoweit getätigt werden, als mein angelegtes Geldvermögen in seiner Substanz von 120.000,00 € nicht angetastet wird. Ich untersage dem Bevollmächtigten, meine Münzsammlung zu veräußern. Ich untersage dem Bevollmächtigten weiter, mein Grundstück in ...... Fl.Nr .... an .... zu verkaufen."

Anordnungen zur Pflege

Konkrete Wünsche oder allgemeine Aussagen

Sie können Ihrem Bevollmächtigten im Grundvertrag mitteilen, wo und von wem Sie später einmal bei Bedarf versorgt, gepflegt und behandelt werden wollen. Allgemeine Aussagen sind dabei ebenso zulässig wie sehr konkrete Angaben (Personen, Einrichtungen). Sie können hier klarstellen, dass Sie zu Hause gepflegt werden wollen, so lange dies mit ambulanten Kräften wirtschaftlich zu machen ist. Weiter können Sie darüber bestimmen, welche Krankenhäuser oder Pflegeeinrichtungen Sie bei Bedarf vorziehen und in welche Sie unter keinen Umständen eingewiesen werden wollen.

Anordnungen für den Krankheitsfall

Anordnungen, die sich auf den Fall einer Krankheit beziehen, sollten Sie in einer gesonderten Patientenverfügung treffen (siehe dazu Seiten 30 ff).

Vorgaben zum weiteren Schicksal von Haustieren

Vorsorge für Ihr Haustier

Sie können in den Grundvertrag Anordnungen aufnehmen, die Ihrem Bevollmächtigten sagen, was er für Ihre Haustiere tun soll, wenn Sie sich selbst nicht mehr um sie kümmern können. Es bietet sich an, dem Bevollmächtigten die Möglichkeit zu eröffnen, mit der Vorsorgevollmacht einen bestimmten (gegebenenfalls regelmäßigen) Geldbetrag auf sein Konto umzubuchen und davon die laufenden Kosten für die Haustiere zu begleichen. Es besteht auch die Möglichkeit, den Bevollmächtigten anzuweisen, die Haustiere nach dem Tod des Vollmachtgebers entweder in einem bestimmten Tierheim unterzubringen, sie selbst zu versorgen oder diese Aufgabe an andere Personen zu übertragen und dafür regelmäßig einen Geldbetrag zu zahlen.

Anweisungen für den Fall des Todes

Häufig schreiben ältere Menschen in ihre letztwillige Verfügung (Testament, Erbvertrag), wie und wo sie bestattet werden wollen. Sie übersehen dabei, dass bis zur Eröffnung eines Testaments mehrere Wochen vergehen können. Es ist dann kaum mehr möglich, den Bestattungswunsch zu erfüllen.

Ihr Bestattungswunsch ist verbindlich

Aus diesem Grund ist es sinnvoll, Vorgaben zur eigenen Bestattung in den Grundvertrag aufzunehmen und den Bevollmächtigten zu bitten, danach zu handeln. Auch hier kommt es darauf an, die richtigen Inhalte in das richtige Dokument zu schreiben. Man sollte in der Vorsorgevollmacht festlegen, dass der Bevollmächtigte die Bestattung durchzuführen hat, damit er gegenüber Behörden und Friedhofsverwaltungen seine Zuständigkeit deutlich machen kann. Nähere Angaben zur Art und Weise der Bestattung (Erd-, Feuer-, Seebestattung, anonyme Bestattung, im engsten Familienkreis, nach Benachrichtigung von namentlich aufgelisteten Personen, mit oder ohne Trauergottesdienst oder Trauerfeier, mit oder ohne Aufbahrung) gehören indessen in den Grundvertrag.

BEISPIEL

Formulierungsvorschlag für die Bestattung

Ich verfüge, dass ich auf dem Waldfriedhof in München begraben werde. Es genügt die billigste Variante eines Holzsarges, notfalls eine einfache Bretterkiste, weil ich einem aufwändigen Sarg aus Eichenholz keine Vorteile abgewinnen kann (so sehr ich Eichenholz zu schätzen weiß). Eine Familien-Grabstätte ist bereits vorhanden (Grab Nr....). Es besteht derzeit noch Platz für zwei weitere Familienmitglieder. Falls bis zu meinem Ableben noch ein Platz frei ist, bestehen auf meiner Seite keine Einwände gegen eine Bestattung in diesem Familiengrab. Ansonsten bitte ich um eine eigene Grabstätte, die auf demselben Friedhof liegen sollte.

Man kann auch weitere, im Zusammenhang mit dem Tod und der Bestattung gewünschte Direktiven in den Grundvertrag aufnehmen:

BEISPIEL

Formulierungsvorschläge für die Bestattung

Ich wünsche, dass in folgenden Tageszeitungen Traueranzeigen in der Größe von ... geschaltet werden. Es ist mir sehr angenehm, wenn hier die Bitte veröffentlicht wird, anstelle von Kränzen zugunsten von

....

zu spenden.

Für die Trauerfeier möge Folgendes beachtet werden: Da ich die Musikdarbietungen bei derartigen Anlässen zu Lebzeiten nicht zu schätzen wusste, möchte ich, dass bei meiner Trauerfeier auf Musik komplett verzichtet wird.

Auf meinem Grabstein sollen Vor- und Nachname mit Geburts- und Sterbedatum stehen. Als Inschrift wünsche ich mir: „Memento mori!"

Vorgaben zu Organspende und Obduktion

Regelungen zur Organspende

Anstelle einer Organspendeverfügung oder im Einklang mit einer solchen Urkunde können Sie in den Grundvertrag Bestimmungen zur Genehmigung oder Verweigerung von Organspenden aufnehmen. Sie können auch ausdrücklich darlegen, ob bestimmte Organe oder Gewebeteile zu Transplantationszwecken entnommen werden dürfen oder nicht.

EXPERTENTIPP

Organspendeverfügung

Eine Organspendeverfügung können Sie auch in einem gesonderten Schriftstück errichten. Einen Vordruck hierzu finden Sie im Internet unter www.organspende-info.de

BEISPIEL

Formulierungsvorschläge

Variante A
„Mein Leichnam steht für die Entnahme zu Transplantations- oder anderen Zwecken nicht zur Verfügung."

Variante B
„Ich bin damit einverstanden, dass nach meinem Tod meinem Körper Organe, Organteile, Gewebe, Zellen, Teile davon oder andere Bestandteile meines Körpers zu Transplantationszwecken entnommen werden. Dies gilt jedoch ausdrücklich nur/nicht für folgende Organe bzw. Körperteile:
...."

Variante C
„Ob mein Körper und dessen Teile nach meinem Tod für Transplantations- oder andere Zwecke freigegeben werden, soll verbindlich mein Bevollmächtigter entscheiden, mit dem ich engen persönlichen Kontakt pflege. Er kennt meine Wertvorstellungen."

Sie können weiter Aussagen dazu machen, ob Sie Obduktionen an Ihrem Leichnam akzeptieren oder nicht.

BEISPIEL

Formulierungsvorschläge für die Obduktion

Variante A
„Mit der Obduktion meines Körpers nach meinem Tod bin ich einverstanden, unabhängig davon, ob diese zur Befundklärung oder zu wissenschaftlichen Zwecken erfolgt. Mein Körper darf aber nicht zu Zwecken der Anatomie oder Plastination verwendet werden."

Variante B
„Mit der Obduktion meines Körpers nach meinem Tod bin ich nur dann einverstanden, wenn die Todesursache ungeklärt ist. Eine Obduktion zu anderen Zwe-

cken lehne ich ab. Anders lautenden Klauseln, z.B. in Krankenhausverträgen, widerspreche ich bereits jetzt ausdrücklich."

Variante C
„Mit der Obduktion meines Körpers nach meinem Tod bin ich nicht einverstanden. Anders lautenden Klauseln, z.B. in Krankenhausverträgen, widerspreche ich bereits jetzt ausdrücklich.

Die Vergütung des Bevollmächtigten

Kosten des Bevollmächtigten

Da die Umsetzung und Handhabung der Vorsorgevollmacht häufig mit Zeitaufwand, Kosten und Auslagen verbunden ist, sollten die einen Grundvertrag abschließenden Personen regeln, ob der Bevollmächtigte eine Vergütung erhält. Andernfalls sollte man eine solche Vergütung ausdrücklich ausschließen.

BEISPIEL

Formulierungsvorschläge für die Vergütung

„Der Bevollmächtigte erhält für seine Tätigkeit keine Vergütung und keinen Auslagenersatz. Dies ist vereinbart."

Alternativ:
„Der Bevollmächtigte erhält für seine Tätigkeit eine Vergütung in Höhe von 25,00 € je angefangene 30 Minuten seiner Tätigkeit. Die Vergütung ist monatlich nachträglich zu entrichten. Der Bevollmächtigte darf die Vergütung dem Vermögen des Vollmachtgebers nach Fälligkeit entnehmen. In der Vergütung sind Auslagen für Post- und Telekommunikationsdienstleistungen sowie Fahrtkosten nicht enthalten. Diese sind zusätzlich zu leisten. Auf die Vergütung wird zusätzlich die jeweils geltende gesetzliche Umsatzsteuer entrichtet. Der Bevollmächtigte hat die Art seiner Tätigkeit und den dafür benötigten Zeitaufwand sowie seine Auslagen, soweit diese nicht in der Vergütung beinhaltet sind, zu dokumentieren."

Anpassung der Vergütung

Da die Vorsorgetätigkeit längere Zeit in Anspruch nehmen kann, sollte man eine Indexklausel zur Vergütungsregelung aufnehmen. Es ist dann möglich, die Höhe der Vergütung ohne Änderung des Grundvertrages an die Steigung der Lebenshaltungskosten anzupassen. Die Indexklausel könnte wie folgt lauten:

BEISPIEL

Formulierungsvorschlag für die Indexklausel

„Ändert sich der vom Statistischen Bundesamt festgestellte Verbraucherpreisindex aller privaten Haushalte in Deutschland (Basis 2000 = 100 %) gegenüber dem Stand bei Vertragsbeginn oder gegenüber der letzten Anpassung um mehr als fünf Prozentpunkte, so ändert sich die vereinbarte Vergütung prozentual entsprechend, wobei stets auf den nächsten vollen Eurobetrag aufzurunden ist. Die Anpassung erfolgt, ohne dass es einer gesonderten Aufforderung durch den Bevollmächtigten bedarf."

Der Schutz des Bevollmächtigten durch die Umkehr der Beweislast

Schutz Ihres Bevollmächtigten

Wenn sich der Bevollmächtigte (auch) um die Geldangelegenheiten des Vollmachtgebers kümmert, tut er dies weisungsgemäß im wohlverstandenen Interesse des Vollmachtgebers. Über die für ihn getätigten Ausgaben für Lebenshaltung, Körperpflege, Zuzahlungen zu Arzneimitteln etc. werden regelmäßig keine Belege oder Quittungen gesammelt, weil es sich dabei überwiegend um Kleinbeträge handelt, die ausgegeben werden, oder Bargeschäfte des täglichen Lebens, bei denen üblicherweise gar keine Quittungen ausgestellt werden (Einkauf beim Bäcker, Metzger etc.).

Vor allem wenn ein nahe stehender Familienangehöriger (Ehepartner, Kind) als Bevollmächtigter auftritt, wird über diese Ausgaben für gewöhnlich nicht genau Buch geführt. Immerhin geht es bei der Ausübung der Vorsorgevollmachtstätigkeit um den familiären Vertrauensbereich, wobei in aller Regel nicht daran gedacht wird, solche Belege zu sammeln und zusammenzustellen.

Rechenschaftspflicht des Bevollmächtigten

Dabei wird aber übersehen, dass der Vollmachtgeber gegen den Bevollmächtigten jederzeit einen Auskunfts- und Rechenschaftslegungsanspruch hat. Dieser Anspruch besagt: Der Bevollmächtigte muss dem Vollmachtgeber erklären, wie und wofür er dessen Gelder eingesetzt hat (§ 666 BGB). Er hat dann eine geordnete Aufstellung der Einnahmen und Ausgaben vorzulegen und über die Einzelheiten der Vollmachtstätigkeit zu informieren. Dies bedeutet, dass der Bevollmächtigte eine Übersicht über die verwendeten Gelder anfertigen und Belege (Rechnungen, Quittungen) vorlegen muss. Dadurch weist der (vormals) Bevollmächtigte nach, dass er Gelder im Interesse des Vollmachtgebers verwendet hat.

Üblicherweise macht der Vollmachtgeber diesen Auskunfts- und Rechenschaftslegungsanspruch nicht geltend, weil er dem Bevollmächtigten vertraut oder aufgrund der Krankheit nicht mehr in der Lage ist, diese Ansprüche anzumelden.

Streit zwischen Ihren Erben und dem Bevollmächtigten

Im Fall des Todes des Vollmachtgebers werden diese Ansprüche vererbt. Die Erben können nun gegen den ehemals Bevollmächtigten den Auskunfts- und Rechenschaftslegungsanspruch anmelden; dies gilt selbst dann, wenn der ehemalige Bevollmächtigte ebenfalls zum Miterben wurde. Eine solche Konstellation tritt häufig dann auf, wenn der Ehepartner zunächst Bevollmächtigter war und nach dem Tod des Erblassers mit den gemeinsamen Kindern die Miterbengemeinschaft bildet. Dem vormals Bevollmächtigten obliegt es nun, genauestens Auskunft über die Verwendung des Geldes des Verstorbenen zu geben, wenn dies verlangt wird.

Bevollmächtigter hat Beweislast

Die Beweislast für die Richtigkeit seiner Rechnung trifft den Bevollmächtigten. Er muss nun vor allem über den Verbleib der Einnahmen Rechenschaft ablegen und belegen, dass er über nicht mehr vorhandene Vermögenswerte nach den Weisungen oder im Interesse des Vollmachtgebers verfügt hat.

Ist der Bevollmächtigte nicht in der Lage, diese Auskünfte und Quittungen beizubringen, kann er den ihm obliegenden Beweis nicht führen. Dann ist davon auszugehen, dass die Gelder des Erblassers nicht nach dessen Maßgaben verwendet wurden. Letztendlich muss der ehemals Bevollmächtigte dann alle Ausgaben, die er für den Vollmachtgeber tätigte, aus seiner eigenen Tasche wieder in die Erbmasse zurückzahlen. Durch die gesetzlichen Beweislastregeln ist der in guter Absicht handelnde Bevollmächtigte somit kaum geschützt, wenn er mit der Vorsorgevollmacht des Erblassers gearbeitet hat.

Im Grundvertrag kann hingegen der Vollmachtgeber den Bevollmächtigten vor solchen Angriffen schützen. Es steht ihm nämlich frei, die Beweislast umzukehren.

Umkehr der Beweislast

Diese Beweislastumkehr geschieht dadurch, dass der Vollmachtgeber schon von vornherein demjenigen, der behauptet, der Bevollmächtigte habe zweckwidrig oder nicht im Interesse des Vollmachtgebers dessen Geld ausgegeben, die Beweispflicht auferlegt (seine Behauptungen zu beweisen). Meist ist es dann für eine Person, die Zweifel an der korrekten Tätigkeit des Bevollmächtigten hat, sehr schwierig, zu beweisen, dass Gelder nicht zweckentsprechend verwendet wurden. Nur bei einem deutlichen Missbrauch (Abräumen der Konten) wird es nicht schwer sein, den entsprechenden Nachweis zu führen.

BEISPIEL

Formulierungsvorschlag für die Beweislastumkehr

„In Abweichung zu § 666 BGB ist der Bevollmächtigte nur zu einer jährlichen Rechnungslegung über die Vermögensverwaltung in Form einer geordneten Zusammenstellung der Einnahmen und Ausgaben, versehen mit den entsprechenden Belegen, soweit diese erteilt zu werden pflegen und den Betrag von 75,00 € überschreiten, verpflichtet sowie zu einer jährlichen Vermögensaufstellung über den Ab- und Zugang, und er hat darüber Auskunft zu erteilen. Eine weitergehende Rechnungslegungs- und Auskunftspflicht des Bevollmächtigten besteht nicht. Das erste Rechnungslegungsjahr beginnt mit der ersten Vermögensverfügung des Bevollmächtigten.

Über quittierte Barbeträge zur Bestreitung der gewöhnlichen Lebenshaltungskosten des Vollmachtgebers besteht keine Abrechnungspflicht des Bevollmächtigten. Empfangszeichnungsberechtigt sind insoweit auch Mitarbeiter beauftragter Haus- und Pflegedienste.

Der Bevollmächtigte hat die Rechnungslegung dem Vollmachtgeber binnen drei Monaten nach Ablauf des Rechnungslegungszeitraumes vorzulegen. Der Vollmachtgeber hat, sofern er keine Beanstandungen hat, innerhalb eines Monats nach Rechnungslegung dem Bevollmächtigten mit befreiender Wirkung Entlastung zu erteilen.

Sofern der Vollmachtgeber die Vermögensverwaltung beanstandet und keine Entlastung erteilt oder hierzu nicht mehr in der Lage ist, ist die Rechnungslegung unverzüglich einem Kontrollbevollmächtigten/Kontrollbetreuer vorzulegen. Für diesen gelten die vorbezeichneten Bestimmungen.

Die Darlegungs- und Beweislast für die Unrichtigkeit der Zusammenstellung der Einnahmen und Ausgaben und hierbei insbesondere der Verbleib der Einnahmen und dafür, dass über nicht mehr vorhandene Vermögenswerte nicht nach den Weisungen oder im Interesse des Vollmachtgebers verfügt worden ist, trifft in Abweichung zu § 666 BGB denjenigen, der sich darauf beruft."

Weitere sinnvolle Punkte

Im Grundvertrag kann der Vollmachtgeber weitere genaue Anweisungen an den Bevollmächtigten für den Fall sei-

Was sollten Sie noch beachten?

nes Todes aufnehmen. Er kann ihm zum Beispiel vorgeben, ob und wenn ja, wie er den Nachlass nach dem Erbfall vorläufig verwalten soll. Er kann Vorgaben machen, was mit wertvollen Kunstsammlungen zu geschehen hat, wer welche Möbel erhält und welchem Wissenschaftler oder Institut eigene Manuskripte und der Briefwechsel mit einer bekannten Person des öffentlichen Lebens zur wissenschaftlichen Auswertung und Dokumentation übergeben oder übereignet werden soll. Lebt der Erblasser/Vollmachtgeber in Miete, kann der Bevollmächtigte über Bestimmungen im Grundvertrag (und die Vorsorgevollmacht) in die Lage versetzt werden, den Mietvertrag zu kündigen.

Erben können Vollmacht widerrufen!

Aber Vorsicht: Die Erben können die Vollmacht jederzeit widerrufen.

Auch eine Gerichtsstandsregelung sollte aufgenommen werden. Dies bedeutet, dass für alle Streitigkeiten über oder aus der Vollmachtsurkunde ein bestimmtes Gericht zuständig sein soll, am besten das nächstgelegene.

Die „Rettungs"-Klausel

Für den Fall von Interpretationsschwierigkeiten sowie inhaltlichen Lücken kann man eine so genannte „Salvatorische Klausel" aufnehmen, die den Vollmachtnehmer in die Lage versetzt, seine Arbeit eigenverantwortlich im mutmaßlichen Interesse des Vollmachtgebers auszuführen.

BEISPIEL

Formulierungsvorschlag für die Salvatorische Klausel

„Sollte eine Bestimmung dieses Vertrages ungültig sein oder werden oder eine Lücke aufweisen, wird die Gültigkeit des Vertrages im Übrigen dadurch nicht berührt. An Stelle der unwirksamen Regelung gilt diejenige Regelung als vereinbart, welche dem Willen der Vertragsparteien am nächsten kommt. Entsprechendes gilt für die Ausfüllung einer Lücke."

Die Kontrolle des Bevollmächtigten

Vertrauen ist gut, Kontrolle aber notwendig

Durch die Errichtung einer Vorsorgevollmacht ist die Anordnung einer Betreuung durch das Betreuungsgericht nur eingeschränkt oder gar nicht angezeigt (§ 1896 Abs. 2 Satz 2 BGB). Häufig muss der Bevollmächtigte die Vorsorgevollmacht vor allem dann einsetzen, wenn der Vollmachtgeber in einer schlechten körperlichen oder geistigen Verfassung ist, beispielsweise an Alzheimer leidet oder dement ist. In einem solchen Zustand kann der Vollmachtgeber den Bevollmächtigten nicht mehr kontrollieren und die erteilte Vollmacht auch nicht mehr selbst widerrufen, sofern dies notwendig sein sollte.

Überwachungsbetreuer möglich

Zwar ist der Bevollmächtigte regelmäßig vertrauenswürdig, doch kann dieses Vertrauen auch enttäuscht und die Vollmacht missbraucht werden. Da der Bevollmächtigte nicht unter staatlicher Aufsicht steht, wie dies bei einem Betreuer der Fall wäre, hält der Gesetzgeber für solche Konstellationen die Möglichkeit bereit, einen Überwachungsbetreuer einzusetzen (§ 1896 Abs. 3 BGB). Sofern dies notwendig ist, kann das Betreuungsgericht einen solchen Überwachungsbetreuer einsetzen, damit dieser die Rechte des hilflosen Vollmachtgebers dann gegenüber seinem Bevollmächtigten geltend machen und dessen Tätigkeiten kontrollieren kann.

EXPERTENTIPP

Der Überwachungsbevollmächtigte

Das Betreuungsgericht wird von einem solchen Überwachungsbedarf regelmäßig keine Kenntnis erlangen, außer, der Vollmachtgeber nimmt eine Doppelbevollmächtigung vor. Dabei wird neben dem Bevollmächtigten ein weiterer Bevollmächtigter eingesetzt, der nur den Hauptbevollmächtigten zu überwachen hat. Gegenüber außenstehenden Dritten tritt dieser zweite Bevollmächtigte daher nicht in Erscheinung.

Bei Differenzen der beiden Bevollmächtigten kann der Überwachungsbevollmächtigte sich an das Betreuungsgericht wenden, damit dieses unter Umständen ein Betreuungsverfahren einleiten kann. Damit wird die Überwachungsbetreuung seitens des Gerichts so weit wie möglich hinausgeschoben, jedoch hält sich der Vollmachtgeber die entsprechende Option hierzu offen.

Richtlinien für die Überwachung

Ist letztendlich der Überwachungsbetreuer eingesetzt, fragt sich, anhand welcher Maßstäbe er eigenverantwortlich entscheiden darf, ob also für die Geltendmachung von Rechten des Vollmachtgebers gegenüber seinem Hauptbevollmächtigten überhaupt Handlungsbedarf vorliegt. Hierbei ist zu berücksichtigen, dass sich der Überwachungsbetreuer zunächst an die in der Vorsorgevollmacht dargelegten Wertvorstellungen und Wünsche des Vollmachtgebers zu halten hat. Das bildet die Richtschnur seines Handelns. Diese ethischen Grundsätze des Vollmachtgebers sind im Grundvertrag niedergeschrieben. Der Überwachungsbetreuer sollte sich diesen Grundvertrag vorlegen lassen, um seine Entscheidung anhand der Kriterien treffen zu können, die der Vollmachtgeber noch bei vollem Bewusstsein geäußert hat.

Akteneinsichtsrecht

Der Vollmachtgeber kann darüber hinaus in die Vorsorgevollmacht eine Bestimmung aufnehmen, dass der Bevollmächtigte den Grundvertrag beim Betreuungsgericht abliefern muss, wenn eine Überwachungsbetreuung eingerichtet wird. Dem Überwachungsbetreuer steht dann ein Akteneinsichtsrecht zu, so dass er auf diesem Weg sichere Kenntnis von den Wertvorstellungen des Vollmachtgebers erhält.

BEISPIEL

Formulierungsvorschlag für die Doppelbevollmächtigung

„Ich wünsche, dass vorrangig der von mir eingesetzte Bevollmächtigte die Vorsorgevollmacht in meinem Sinne und nach den Angaben im gesondert geschlossenen Grundvertrag einsetzt. Sollte ich gesundheitlich in einen Zustand geraten, in dem ich die Handhabung der Vollmacht nicht mehr selbst kontrollieren oder die Abrechnungen des Bevollmächtigten nicht mehr selbst nachvollziehen kann, setze ich als weiteren Bevollmächtigten Herrn/Frau .... ein. Der weitere Bevollmächtigte hat den ausschließlichen Aufgabenkreis, den Bevollmächtigten so zu überwachen, wie ich dies selbst täte. Er ist berechtigt, den Grundvertrag zwischen mir und meinem Bevollmächtigten einzusehen. Ihm steht auch das Recht zu, bei Missbrauch der Vorsorgevollmacht diese zu widerrufen. Er hat die Aufgabe, gegebenenfalls einen Überwachungsbetreuer gem. § 1896 Abs. 3 BGB zu beantragen. Das Gericht soll ihn als Überwachungsbetreuer bestellen."

Einsetzung eines Kontrollbevollmächtigten

Bestimmen Sie einen Kontrollbevollmächtigten!

Rechtlich ist die Einsetzung eines Überwachungsbetreuers zwar möglich, allerdings ist das recht kompliziert und umständlich. Außerdem ist ein Gerichtsverfahren einzuleiten, wovor häufig Scheu besteht. Der Vollmachtgeber kann selbst das gewünschte Ziel erreichen, indem er in die Vorsorgevollmacht einen Kontrollbevollmächtigten mit aufnimmt. Dieser hat dann die Aufgabe, die Tätigkeit des Bevollmächtigten zu überwachen. Ihm werden hierfür entsprechende Auskunfts- und Rechenschaftsansprüche gegenüber dem Bevollmächtigten eingeräumt. Als schärfstes Mittel steht ihm auch das Recht zu, die Vollmacht zu widerrufen, sofern Anhaltspunkte für Vollmachtsmissbrauch vorliegen. Darüber hinaus kann in der Vorsorgevollmacht festgelegt werden, dass die Zustimmung des Kontrollbevollmächtigten für bestimmte, näher geregelte Fälle vorab eingeholt werden muss.

BEISPIEL

Formulierungsvorschlag für die Einsetzung als Kontrollbevollmächtigten

„Zum Kontrollbevollmächtigten über die Handlungen des Bevollmächtigten und über die Ausübung dieser Vollmacht bestimme ich ....

- Der Kontrollbevollmächtigte kann die mir meinem Bevollmächtigten gegenüber zustehenden Rechte ebenso geltend machen wie ein vom Betreuungsgericht nach § 1896 Abs. 3 BGB bestellter Betreuer. Hierzu zählen insbesondere:
- Verlangen nach jederzeitiger Auskunft und Rechnungslegung, quartalsweise Prüfung der Rechnungslegung und Entlastung des Bevollmächtigten für seine Tätigkeit mit befreiender Wirkung gegenüber dem Vollmachtgeber und seinen Rechtsnachfolgern,
- Entscheidung über das Abweichen vom erteilten Auftrag, § 665 S. 2 BGB,
- Erhebung von Schadenersatzansprüchen zugunsten des Vollmachtgebers,
- Herausverlangen des zur Durchführung der Vorsorgevollmacht Erhaltenen für den Vollmachtgeber,
- Geltendmachung des durch die Geschäftsführung Erhaltenen für den Vollmachtgeber,
- Widerruf der Vorsorgevollmacht.

Der Kontrollbevollmächtigte soll bei allen im Zusammenhang mit der Vorsorgevollmacht zwischen mir und meinem Bevollmächtigten auftretenden Schwierigkeiten vermitteln und auf eine gütliche Einigung hinwirken.
Für den Fall, dass der Kontrollbevollmächtigte dauerhaft nicht in der Lage oder Willens ist, seine Tätigkeiten ordnungsgemäß auszuüben, und ich selbst nicht mehr in der Lage bin, einen anderen Kontrollbevollmächtigten zu bestellen, berufe ich zum Ersatzkontrollbevollmächtigten Herrn/Frau......................."

Der Grundvertrag mit dem Kontrollbevollmächtigten

Bitte beachten Sie, dass Sie mit der Einsetzung eines Kontrollbevollmächtigten entweder einen Geschäftsbesorgungsvertrag abschließen oder einen Auftrag (zu ehrenamtlichem Engagement) erteilen. Sie sollten in dem Grundvertrag deutlich machen, ob Sie eine entgeltliche oder kostenfreie Kontrolltätigkeit vereinbaren.

BEISPIEL

Formulierungsvorschlag für den Grundvertrag mit dem Kontrollbevollmächtigten

„Die Rechte des Beauftragten als Kontrollbevollmächtigten richten sich nach der Vorsorgevollmacht des Vollmachtgebers und sind dort abschließend benannt. Weitere als die dort genannten Rechte stehen dem Kontrollbevollmächtigten nicht zu. Er hat seine Rechte nach eigenem pflichtgemäßen Ermessen auszuüben.

Der Kontrollbevollmächtigte erhält für seine Tätigkeit eine Vergütung in Höhe von .... € monatlich. (Hier kann dieselbe Vergütungsregelung dem Wortlaut nach wie beim Grundvertrag mit dem Bevollmächtigten eingesetzt werden.)

Die Geschäftsbesorgung im Hinblick auf die Kontrollvollmacht beginnt mit der zuverlässigen Kenntnis des Kontrollbevollmächtigten von der Handhabung der Vorsorgevollmacht bzw. mit dem Vorliegen der in der Vorsorgevollmacht bezeichneten Bedingungen. Dieser Geschäftsbesorgungsvertrag erlischt nicht mit dem Eintritt der Geschäftsunfähigkeit oder dem Tod des Vollmachtgebers.

Eine Kündigung durch den Vollmachtgeber ist jederzeit und ohne Angabe von Gründen zulässig und bedarf der Schriftform. In diesem Fall hat der Kontrollbevollmächtigte unverzüglich den Ersatzkontrollbevollmächtigten über die Kündigung in Kenntnis zu setzen. Die Kündigung durch den Kontrollbevollmächtigten ist mit einer Frist von einem Monat bei Vorliegen eines wichtigen Grundes möglich.

Im Fall der Kündigung hat der Kontrollbevollmächtigte entweder den Ersatzkontrollbevollmächtigten zu informieren oder, sofern ein solcher nicht installiert wurde, unverzüglich beim zuständigen Betreuungsgericht eine Kontrollbetreuung anzuregen. In diesem Fall hat der Kontrollbevollmächtigte seine Tätigkeit fortzuführen, bis das Betreuungsgericht über die Notwendigkeit der Bestellung eines gesetzlichen Kontrollbetreuers eine Entscheidung getroffen hat.
Zusatzvereinbarungen zu diesem Vertrag bedürfen der Schriftform. Der Gerichtsstand ist ...."

Auskunfts- und Rechenschaftspflichten des Bevollmächtigten

Auskunfts- und Rechenschaftspflichten

Der Kontrollbevollmächtigte ist darauf angewiesen, dass der Hauptbevollmächtigte ihm über seine Tätigkeiten Auskunft gibt und entsprechende Rechenschaft ablegt. Andernfalls kann der Kontrollbevollmächtigte nicht prüfen, ob der Bevollmächtigte seine Tätigkeit im wohlverstandenen Interesse des Vollmachtgebers ausübt. Deshalb ist es wichtig, diese häufig unbekannten Auskunftsansprüche und Rechenschaftsverpflichtungen im Grundvertrag dem Kontrollbevollmächtigten ausdrücklich zu übertragen. Diese Rechte stehen dem Vollmachtgeber zu. Kann er sie nicht mehr ausüben – aus welchen Gründen auch immer –, müssen sie dem Kontrollbevollmächtigten übertragen werden, damit dieser dann an die Stelle des Vollmachtgebers treten kann.

Da diese Übertragung der Rechtsmacht Dritten gegenüber nicht geäußert werden sollte, bietet es sich an, dies in den Grundvertrag zwischen Vollmachtgeber und Kontrollbevollmächtigten aufzunehmen.

KAPITEL 5

Die Betreuungsverfügung

Vermeidung einer Betreuung durch Fremde

Immer mehr Menschen sind auf Betreuung angewiesen. Für die Bestellung von Betreuern ist das Betreuungsgericht zuständig. Wer seinen Willen nicht mehr äußern kann, kann dem Gericht nicht mehr sagen, von wem und wie er betreut werden möchte. Immer wieder kommt es daher vor, dass Personen bestellt werden, die nicht das Vertrauen der Betreuten genießen. Darüber hinaus können Betreuer Entscheidungen treffen, die nicht den (früheren oder heutigen) Wünschen und Werten der Betreuten entsprechen. Davor kann man sich schützen: mit einer Verfügung, die darüber Auskunft gibt, wer eines Tages Betreuer werden soll und wie die Betreuung gestaltet werden soll.

Es kann jedem Menschen in jedem Alter passieren, dass er zeitweise oder auf Dauer betreuungsbedürftig wird. Ursachen dafür gibt es viele, hier seien nur die wichtigsten genannt:

Gründe für Betreuungsbedürftigkeit

- psychische Erkrankung
- geistige Behinderung
- Drogenabhängigkeit
- schwere körperliche Erkrankungen
- Gebrechlichkeit
- Bewusstlosigkeit nach einem Unfall
- Altersverwirrtheit oder Demenz

Betreuungsbedürftigkeit besteht immer dann, wenn eine ärztlich nachgewiesene Beeinträchtigung besteht und zusätzlich eine Person die Angelegenheiten des alltäglichen

Lebens nicht mehr alleine bewältigen kann. Stellt ein Arzt, Verwandter, Bekannter oder Nachbar fest, dass eine erwachsene Person – aus welchen Gründen auch immer – für sich selbst nicht mehr richtig entscheiden und sorgen kann, dann macht er direkt oder über Sozialarbeiter oder sonstige kundige Personen, beispielsweise einen Rechtsanwalt, das Betreuungsgericht auf den Fall möglicher Betreuungsbedürftigkeit aufmerksam. Das Gericht beauftragt dann einen Arzt, die jeweilige Person zu begutachten, und bestellt eine Betreuerin oder einen Betreuer, sofern das Gutachten zu dem Schluss kommt, dass die Voraussetzungen dafür gegeben sind.

Einleitung des Betreuungsverfahrens

Betreuung durch fremde Menschen

Das Gericht kann also eine fremde Person, die Sie nicht kennen, als Betreuer bestellen oder sogar einen Angehörigen, den Sie im Vollbesitz Ihrer geistigen Kräfte abgelehnt hätten oder auch in Ihrem jetzigen Zustand (der Gebrechlichkeit) ablehnen. Niemand sollte den Gerichten schlechte Absichten unterstellen, doch wenn die Richter nicht wissen, wem Sie Vertrauen schenken und wem nicht, haben sie keine Chance, nach Ihrem Willen zu handeln (jedenfalls dann, wenn Sie keinen eindeutigen Willen mehr zum Ausdruck bringen können). Deshalb ist es sinnvoll, eine Betreuungsverfügung zu errichten.

Vermeidung einer Amtsbetreuung

Gegen die Bestellung eines von Ihnen nicht gewollten Betreuers können Sie sich vorsehen, entweder über eine weitreichende Vorsorgevollmacht (vgl. das Kapitel „Die Vorsorgevollmacht“ ab Seite 44) oder über eine Betreuungsverfügung. Sie können mit der Betreuungsverfügung auch vermeiden, dass sich Ihre Angehörigen vor dem Betreuungsgericht um die Übernahme der Betreuung streiten

– etwa, weil sie heillos zerstritten sind –, was wiederum dazu führen kann, dass eine fremde Person zum Betreuer bestellt wird.

Vorrang gegenüber der Amtsbetreuung

Ihre Verfügung hat Vorrang gegenüber einer Amtsbetreuung

Wenn Sie für den Fall der Betreuungsbedürftigkeit bereits einen Bevollmächtigten mit einer Vorsorgevollmacht beauftragt haben, reicht dies aus, denn nach dem Betreuungsgesetz soll eine Betreuung nur dann errichtet werden, wenn andere Hilfsmöglichkeiten nicht existieren.

Eine Betreuungsverfügung ist dann für Sie sinnvoll, wenn Sie in Ihrem Verwandten- und Bekanntenkreis keine Person kennen, der Sie schon jetzt eine Vorsorgevollmacht (siehe dazu Seite 47) erteilen möchten, aber die Sie zumindest für den späteren Betreuungsfall dem Betreuungsgericht als „Ihren Betreuer“ vorschlagen möchten.

Inhalt der Betreuungsverfügung

Bestimmen Sie selbst die Person des Betreuers!

In einer Betreuungsverfügung legen Sie fest, wer vom Betreuungsgericht als Betreuer bestellt werden soll. Sie sind dabei völlig frei, dem Gericht Ihren Willen mitzuteilen. Sie können mitteilen, von wem Sie betreut werden wollen:

- von einem bestimmten, namentlich genannten Verwandten, dem Sie am meisten Vertrauen schenken,
- von einem Bekannten, dem Sie diese Aufgabe in besonderem Maße zutrauen,
- oder einer unbekannten Person, von der Sie dem Gericht lediglich mitteilen, welche besonderen Eigen-

schaften und Fähigkeiten sie haben sollte, um Sie mit Ihrer besonderen Erkrankung optimal betreuen zu können (zum Beispiel eine Person, die Ihre Erkrankung gut kennt oder Ihr Vermögen aufgrund beruflicher Erfahrung besonders gut verwalten kann).

Legen Sie fest, wer Sie nicht betreuen soll!

Sie können natürlich in Ihrer Betreuungsverfügung auch bestimmen, welche Personen aus Ihrem Verwandten- und Bekanntenkreis gerade nicht als Betreuer vom Gericht eingesetzt werden sollen.

Im Vergleich zu einer Vorsorgevollmacht bietet eine Betreuungsverfügung einen deutlichen Vorteil. Um bei einer Vorsorgevollmacht Ihren Bevollmächtigten zu kontrollieren, benötigen Sie einen oder mehrere Kontrollbevollmächtigte. Da diese in einer nicht näher bekannten Zukunft für Sie arbeiten sollen, können Sie nicht sicher sein, dass die von Ihnen heute eingesetzten Bevollmächtigten später überhaupt ihre Aufgabe noch wahrnehmen können. Außerdem: Je komplizierter Ihre Bevollmächtigung und Kontrollbevollmächtigung konstruiert ist, desto schwieriger wird es für die Bevollmächtigten, nach Ihrem Willen zu handeln.

Das Gericht überwacht Ihren Betreuer

Anders ist dies bei einem Betreuer, der nach Ihren Vorgaben vom Gericht bestellt wurde. Der Betreuer ist dem Gericht gegenüber rechenschaftspflichtig. Das Gericht kann einem Betreuer, der offenkundig nicht nach Ihrem Willen handelt oder Gelder veruntreut, von einem Tag auf den anderen die Betreuung entziehen und eine andere Person als Betreuer für Sie bestellen. Erhält das Gericht von Ihren Angehörigen Hinweise, dass der Betreuer nicht in Ihrem Sinne handelt, wird es sehr genau überprüfen, ob an diesen Informationen etwas dran ist.

Angehörige als Betreuer

Das Betreuungsgericht bestellt nicht automatisch den Ehepartner oder eines der Kinder als Betreuerin oder Betreuer. Es entscheidet sich häufig für eine völlig fremde Person, wenn sich der Ehepartner und die Kinder nicht einig sind, wer die Aufgabe übernehmen soll, oder niemand in der Verwandtschaft den Eindruck vermittelt, ein fähiger, der Aufgabe gewachsener Betreuer zu sein.

Ihre Familie wird nicht „automatisch" eingesetzt!

Vor allem bei heillos zerstrittenen Familien vermeiden es die Betreuungsgerichte, einen der Streithähne zum Betreuer zu ernennen. Schließlich hat der Betreuer direkten Zugang zum gesamten Vermögen des Betreuten. Das Gericht wird es im Interesse des Betreuten immer ablehnen, einem Familienmitglied die Möglichkeit zu bieten, als Betreuer gegen andere Verwandte zu agieren. Es wird sich auch dagegen verwahren, sich mit Familienzwist zu belasten.

Familienstreit und Betreuerauswahl

Das gilt in besonderem Maße, wenn für den Betroffenen dringend Entscheidungen getroffen werden müssen. Eine Operation oder eine sonstige Therapiemaßnahme zum Beispiel kann nicht immer ein oder zwei Jahre aufgeschoben werden, nur weil der Rest der Familie vor dem Betreuungsgericht Streitereien austrägt.

In all diesen Fällen bestellt das Betreuungsgericht eine fähige Person, die nicht aus der Familie kommt. Das ist in der Regel nicht gewollt. Im Einzelfall kann es aber gewollt sein, dass der Betreuer gerade nicht aus der Familie kommt.

Einzelne Angehörige können ausgeschlossen werden

BEISPIEL

Persönliche Lebensumstände

Ein verheirateter Mann, der mit einer Lebenspartnerin zusammenlebt, möchte mit allen Mitteln verhindern, dass die Noch-Ehefrau über eine Betreuung Zugang zu persönlichen Dokumenten und zum Vermögen erhält.

Das Spektrum der Möglichkeiten

Jede Bürgerin und jeder Bürger ist völlig frei, den eigenen Willen in einer Betreuungsverfügung für spätere Zeiten niederzulegen. Es besteht die Möglichkeit, eindeutig zum Ausdruck zu bringen, wer zum Betreuer bestellt werden soll. Es ist möglich, eine konkrete Person namentlich zu nennen oder abstrakt die Eigenschaften aufzuzählen, die den optimalen Betreuer charakterisieren (Geschlecht, Alter, Beruf, Zusatzausbildung, Mitgliedschaft in Verein, Einfühlsamkeit, Durchsetzungsvermögen, Erfahrung mit ähnlicher Erkrankung). Zusätzlich oder als einzige Vorgabe für das Gericht kann man bestimmen, wer auf keinen Fall zum Betreuer bestellt werden soll.

Sie können dem Gericht Vorgaben machen

Über die Person und Eigenschaften des Betreuers oder der Betreuerin hinaus können Sie dem Gericht in Ihrer Verfügung auch nähere Vorgaben dazu machen, wo (zu Hause, bei Verwandten, in einem bestimmten Heim) und wie Sie betreut werden wollen. Ihrer Phantasie sind hier keine Grenzen gesetzt, Sie sollten es den Richtern allerdings auch nicht allzu schwer machen, nach Ihrem Willen zu entscheiden.

Verbindlichkeit für das Gericht

Das Betreuungsgericht ist an die Vorgaben einer gültigen Betreuungsverfügung gebunden. Einem möglichen Streit innerhalb der Familie ist damit die Grundlage entzogen. Außerdem haben Sie die Gewähr, dass die von Ihnen ausgewählte und vom Gericht bestellte Vertrauensperson Ihre Interessen aufgrund eines guten Verhältnisses am ehesten in Ihrem Sinne wahrnimmt.

Suche nach Vertrauenspersonen

Wer soll Sie betreuen?

Immer wieder kommt es vor, dass innerhalb der Familie oder im Freundes- und Bekanntenkreis keine Person bereit oder in der Lage ist, eine Betreuung zu übernehmen. Häufig leben die Kinder nicht in der Nähe und können sich aufgrund beruflicher Belastung nicht um die Eltern kümmern. In manchen Fällen kommen die Ehepartner nicht mehr in Frage, weil sie selbst gebrechlich, behindert, pflegebedürftig oder bereits verstorben sind.

Ausweg: Berufsbetreuer

Wer in seinem persönlichen Umfeld keine geeignete Vertrauensperson findet, kann sich beim Betreuungsgericht und bei der Gemeinde nach Berufsbetreuern erkundigen. Unverbindliche Gespräche mit erfahrenen Betreuern sind ein gutes Mittel, um herauszufinden, wer später einmal für die Betreuungstätigkeit am besten geeignet wäre. Sie können einen Berufsbetreuer aber auch nach seinen beruflichen Fähigkeiten auswählen. Wenn Sie großen Wert darauf legen, dass Ihr Betreuer sich in der Krankenpflege oder in der Vertretung vor Gericht besonders gut auskennt, sollten Sie entweder eine ausgebildete Pflegekraft oder einen spezialisierten Anwalt als Betreuer auswählen.

Denken Sie an den Ersatzbetreuer

Da Sie in einer Betreuungsverfügung immer Regelungen für die Zukunft machen, kann es sein, dass die eingesetzte Vertrauensperson aus gesundheitlichen oder sonstigen Gründen zur Übernahme der Betreuung nicht mehr in der Lage ist. Für diesen Fall sollte man einen Ersatzbetreuer bestimmen. Anderenfalls kann es wiederum dazu kommen, dass das Gericht mit besten Absichten jemanden zu Ihrem Betreuer macht, den Sie partout nicht wollen.

Betreuungsverfügung vom Notar

Beurkundung entbehrlich

Die Betreuungsverfügung braucht nicht vom Notar errichtet zu werden. Sie kann formfrei, also auch mündlich erklärt werden. Es ist allerdings zu Beweiszwecken dringend zu empfehlen, die Betreuungsverfügung schriftlich abzufassen, und mit Ort, Datum und Unterschrift zu versehen.

Vorsorgevollmacht kombiniert mit Betreuungsverfügung

Kombination mit Vorsorgevollmacht sinnvoll

In der Betreuungsverfügung bestimmt man in erster Linie den Betreuer, den das Betreuungsgericht bestellen soll. Man bestimmt nur die Person, aber nicht das Verfahren. Das gerichtliche Betreuungsverfahren ist sehr formell und wird als bürokratisch, unflexibel und lästig empfunden. Häufig kritisiert wird die regelmäßige Rechenschaftspflicht gegenüber dem Betreuungsgericht. Auch Grenzen in der Kompetenz des Betreuers werden als ungerechtfertigt empfunden. Ein Betreuer ist nicht einmal befugt, ein Grundstück – etwa an die Kinder – im Wege der vorweggenommenen Erbfolge zu übertragen. Auch bei der Veräußerung eines Grundstückes muss der Betreuer die Genehmigung des Betreuungsgerichts einholen. Das Gericht erteilt die Genehmigung grundsätzlich nur, wenn die Veräußerung zum (in der Regel erst einmal sachverständig ermittelten) Verkehrswert erfolgt ist oder erfolgen soll. Das soll den Betroffenen davor schützen, dass sein Vermögen verschleudert wird. Die Genehmigungsverfahren nehmen oft erhebliche Zeit in Anspruch.

Im Gegensatz dazu bietet die Vorsorgevollmacht mehr Flexibilität. Die Vertretung des Betroffenen erfolgt außerhalb des formalisierten Verfahrens beim Betreuungsgericht.

Eine Kontrolle des Bevollmächtigten kann durch einen Kontrollbevollmächtigten erfolgen. Außerdem kann die Ausgestaltung der Kontrolle auf die individuellen Erfordernisse und Bedürfnisse abgestimmt werden.

Flexibilität der Vorsorgevollmacht

EXPERTENTIPP

Wenige Befugnisse

In einer Vielzahl von Fällen bietet es sich an, rein vorsorglich die Vorsorgevollmacht mit einer Betreuungsverfügung zu verbinden und den Bevollmächtigten auch als Betreuer vorzuschlagen. Dies gilt vor allem dann, wenn die Vorsorgevollmacht nur wenige Befugnisse umfasst und somit eine formelle Betreuung im Einzelfall zumindest für andere Aufgabenbereiche erforderlich ist.

Keine Verpflichtung zur Übernahme einer Betreuertätigkeit

Eine Verpflichtung zur Übernahme des Betreueramtes besteht nicht. Daher sollte man den gewünschten Betreuer vor Errichtung der Betreuungsverfügung fragen, ob er zur Übernahme dieser Aufgabe bereit ist.

Hilfe bei der Errichtung einer Betreuungsverfügung

Bei der inhaltlichen Gestaltung der Betreuungsverfügung sollte man sich fachkundigen Rat bei einem Rechtsanwalt oder Notar einholen. Zum einen ist schon der Inhalt einer solchen Verfügung juristisch nicht ganz trivial. Zum anderen ist es nicht einfach, ein Gesamtkonzept der Vorsorge zu entwickeln, in dem mehrere Verfügungen, Vollmachten und Verträge sich wechselseitig ergänzen.

Sachkundigen Rat einholen!

So wehren sich Angehörige gegen Entscheidungen des Betreuers

Entlassung des Betreuers

Der Betreuer hat dem Betreuungsgericht gegenüber in regelmäßigen Abständen auf Verlangen Rechenschaft über seine Tätigkeit abzulegen. Wenn die Angehörigen während der laufenden Betreuung zu der Auffassung gelangen, der Betreuer nehme seine Aufgabe nicht ordnungsgemäß wahr, können sie beim Betreuungsgericht die Entlassung des Betreuers fordern. Wenn das Gericht die Auffassung der Angehörigen teilt, kann es den Betreuer entlassen und die Aufgabe der Betreuung einer anderen Person übertragen.

CHECKLISTE

Betreuungsverfügung

- Wer soll mein Betreuer sein?
- Wer soll mein Ersatzbetreuer sein?
- Wer will mein Betreuer sein?
- Wer soll auf gar keinen Fall mein Betreuer sein?
- Welche besonderen Wünsche habe ich bei der Durchführung der Betreuung (bestimmtes Heim o.Ä.)?
- Sollte ich (auch) eine Vorsorgevollmacht errichten?
- Ort, Datum, Unterschrift
- Registrierung, Hinterlegung

KAPITEL 6

Hinterlegung

Die besten Verfügungen und Vollmachten sind nichts wert, wenn sie irgendwo im Verborgenen ihr Dasein fristen. Es ist deshalb sehr wichtig, dafür zu sorgen, dass Ärzte und Pflegeeinrichtungen von einer Patientenverfügung erfahren, dass Bevollmächtigte im Ernstfall die Vollmacht nutzen können und dass ein Betreuungsgericht von einer Vorsorgevollmacht und/oder einer Betreuungsverfügung erfährt. Bei der Hinterlegung handelt es sich um eine eigene Kunst. Einige Anhaltspunkte finden Sie hier.

So geben Sie Existenz und Inhalt einer Patientenverfügung bekannt

Wie findet man Ihre Verfügungen im Notfall?

Wie erfahren Ärzte, Krankenhäuser, Pflegeeinrichtungen oder Sterbehospize überhaupt von der Existenz und dem Inhalt Ihrer Patientenverfügung? Diese Frage lässt sich kaum allgemein beantworten. Es ist daher eminent wichtig, dass Sie rechtzeitig, solange Sie Ihre Angelegenheiten noch sehr gut regeln können, für das Auffinden bzw. die Aushändigung der Patientenverfügung an die richtigen Personen sorgen.

Sie sollten diese Problematik nicht unterschätzen. Auch dann, wenn Sie mit einem sehr zuverlässigen Ehe- oder Lebenspartner zusammenleben, können Sie nicht sicher sein, dass er sich im Alter von 70, 80 oder 90 Jahren noch an die Patientenverfügung erinnert, die Sie mit 60 oder 70 Jahren geschrieben haben. Auch dann, wenn Sie nicht wollen, dass Ihre Familie etwas von der Patientenverfügung erfährt, scheidet die Aufbewahrung zu Hause und die Information von Ärzten und Pflegern über Ihre Verwandten aus.

Alleinstehende haben ein Hinterlegungsproblem

Besonders für Alleinstehende stellt sich die Hinterlegung als schwierig dar. Wenn Sie allein in einer Wohnung leben und nach einem Unfall in eine Klinik transportiert werden, erfährt erst einmal niemand von Ihrer Patientenverfügung, wenn Sie diese zu Hause aufbewahren. Auch dann, wenn Sie in Ihrer Brieftasche einen Zettel mit einem Hinweis auf das Dokument mit sich tragen, wird niemand ihre Wohnungstür aufbrechen, um die Patientenverfügung zu holen. Wenn Sie bewusstlos sind, können Sie nicht einmal dafür sorgen, dass irgendeine Vertrauensperson mit Ihrem Einverständnis in Ihrer Wohnung nach dem Dokument sucht. Mit anderen Worten: Ihre Patientenverfügung ist in einem solchen Fall das Papier nicht wert, auf dem sie geschrieben steht.

Aufbewahrung bei einer Vertrauensperson

Es kommt also immer darauf an, unter Berücksichtigung der besonderen Lebensverhältnisse dafür zu sorgen, dass die Patientenverfügung rasch und unproblematisch aufgefunden werden kann. Für allein stehende Personen ist es sinnvoll, wenn sie ihre Verfügung nicht nur zu Hause und bei Verwandten oder Freunden hinterlegen, sondern auch bei einer Organisation oder einem Anwalt. Der Hinweis in der Geldbörse und in der Brieftasche führt dann sehr schnell dazu, dass das Dokument von Ärzten, Pflegeeinrichtungen und Gerichten angefordert werden kann.

Wenn Sie nicht nur mit einer Patientenverfügung für sich vorsorgen, sondern auch mit einer Vorsorgevollmacht oder Betreuungsverfügung, ist es außerordentlich ratsam, die Dokumente zu „vernetzen" und beispielsweise in der Vorsorgevollmacht auf die Patientenverfügung und ihren Hinterlegungsort zu verweisen.

Wenn Sie in ein Senioren- oder Pflegeheim ziehen, ist es sinnvoll, wenn Sie die Leitung des Hauses über Ihre Patientenverfügung informieren und das Dokument bei Ihren persönlichen Unterlagen hinterlegen lassen. Im Idealfall sorgt dann Ihre Einrichtung dafür, dass die richtigen Personen zum richtigen Zeitpunkt Kenntnis von Ihrer Patientenverfügung erhalten.

Wichtig für Heimbewohner!

EXPERTENTIPP

Hinweis aufbewahren

In jedem Fall empfiehlt es sich, einen Hinweis auf die Existenz und den Hinterlegungsort der Patientenverfügung bei den persönlichen Papieren, in der Brieftasche sowie in der Geldbörse aufzubewahren.

Verwahrungsmöglichkeit bei Organisationen und Anwälten

Staatliche Stellen für die Aufbewahrung von Patientenverfügungen bestehen für Patientenverfügungen nicht. Lediglich einige private Organisationen bieten eine Hinterlegungsmöglichkeit gegen geringe Gebühr an (beispielsweise die Deutsche Hospizstiftung und das Deutsche Rote Kreuz). Auch manche Anwälte, die bei der Errichtung der Patientenverfügung behilflich sind, übernehmen die Aufbewahrung (ebenfalls gegen eine geringe Gebühr).

Aufbewahrung bei Organisationen

Vorsorgevollmacht: sicherer Aufbewahrungsort

Schützen Sie Ihre Verfügungen vor unberechtigtem Zugriff!

Bei der Hinterlegung der Vorsorgevollmacht ist grundsätzlich darauf zu achten, dass der Bevollmächtigte sie sofort auffinden und verwenden kann, wenn Sie eines Tages Ihre Angelegenheiten nicht mehr selbst regeln können und er als Ihr Vertreter tätig werden soll. Außerordentlich wichtig ist es zudem, dass das Dokument nicht von Unbefugten – zum Beispiel von Verwandten, die verärgert sind, weil sie nicht selbst als Bevollmächtigte zum Zuge kommen – entwendet oder vernichtet werden kann.

Vorsicht bei Aufbewahrung in Ihrer Wohnung!

Die Aufbewahrung in der Wohnung oder im Wohnhaus des Vollmachtgebers ist vor diesem Hintergrund durchaus möglich, aber auch problematisch. Auf jeden Fall muss der Vollmachtgeber bei der Hinterlegung in der privaten Wohnung dafür sorgen, dass der Vollmachtnehmer auch in seiner Abwesenheit die Wohnräume betreten kann und hier die Vollmacht auffinden und mitnehmen kann. Das wiederum ist nicht ungefährlich, da der Vollmachtnehmer sich dann jederzeit bei Abwesenheit des Vollmachtgebers die Vollmacht holen kann. Was er dann mit dem Dokument mit besten Absichten oder mit dem Ziel, sich zu bereichern, anstellt, kann sich sehr negativ auswirken – bis hin zum Verlust des gesamten Vermögens.

Das Schließfach ist keine gute Lösung

Andererseits hilft es auch nicht, wenn Sie die Vollmacht in einem einbruchsicheren Safe, der nicht einmal von einem erfahrenen Profi zu knacken ist, oder einem mehrfach gesicherten Bankfach verwahren. Denn dann ist das Dokument nicht verfügbar, wenn Ihr Bevollmächtigter für Sie handeln soll.

Wenn Sie sich zeitweise oder längerfristig in einem Senioren- oder Pflegeheim aufhalten, sollten Sie oder Ihre Angehörigen die Heimleitung darüber informieren, dass eine Vorsorgevollmacht existiert, wo sie aufbewahrt wird und wer der Bevollmächtigte ist. Die Heimleitung kann dann mit dem Bevollmächtigten Kontakt aufnehmen, wenn in finanziellen, pflegerischen und medizinischen Angelegenheiten eine Entscheidung getroffen werden muss.

Zentrales Register der Bundesnotarkammer

Sinnvoll: das Zentrale Vorsorgeregister

Seit Anfang 2005 führt die Bundesnotarkammer in Berlin ein zentrales Register für Vorsorgevollmachten (www.vorsorgeregister.de). Sie erteilt über die hier registrierten Vorsorgevollmachten Informationen ausschließlich an das zuständige Betreuungsgericht. Denn das Register dient einzig und allein dem Zweck, die Bestellung eines Amtsbetreuers gegen den Willen betreuungsbedürftiger Personen zu verhindern.

Im Register der Bundesnotarkammer wird meist nicht die Vorsorgevollmacht selbst, sondern nur die Information über die Existenz eines solchen Dokuments und einige Inhalte (Name, Anschrift des Bevollmächtigten) gespeichert. Es werden sowohl privatschriftliche als auch notarielle Vorsorgevollmachten registriert. Nur auf besonderen schriftlichen Antrag kann der Vollmachtgeber auch Angaben zum Inhalt der Vollmacht in Berlin hinterlegen.

Nur Registrierung, keine Hinterlegung möglich

Bitte beachten Sie, dass Sie mit dem Eintrag in das zentrale Register der Bundesnotarkammer noch nicht dafür sorgen, dass der Bevollmächtigte die Vollmacht erhält und damit arbeiten kann. Auch Ärzte, die für eine eilige Operation die Zustimmung des Bevollmächtigten benötigen, können in Berlin keinerlei Informationen abrufen. Mit anderen Worten: So wichtig diese Eintragungsmöglichkeit ist, sie löst nicht das Problem der sicheren und zugänglichen Hinterlegung der Vollmacht.

EXPERTENTIPP

Eintragung

Sie können die Unterlagen zur Eintragung in das zentrale Register der Bundesnotarkammer anfordern (Datenformular für Privatpersonen, Antrag auf Eintragung einer Vorsorgevollmacht sowie Antrag auf Eintragung der/des Bevollmächtigten zu einer Vorsorgevollmacht, beide mit ausführlichen Anleitungen). Die Adresse lautet: Bundesnotarkammer – Zentrales Vorsorgeregister, Kronenstraße 42, 10117 Berlin. Auf der Website www.vorsorgeregister.de finden Sie das Formular ebenfalls zum Ausdruck oder Download. Die Eintragung ist auch online über einen „Dialog" – mit dem Computer – möglich. Die Eintragung in das zentrale Vorsorgeregister ist freiwillig und hat keine Auswirkungen auf die rechtliche Wirksamkeit der Vorsorgevollmacht. Sie kostet auch Geld – rund 15 bis 20 Euro, je nachdem, ob die Registrierung per Internet oder Post durchgeführt wird und wie viele Bevollmächtigte registriert werden.

Hinterlegung von Betreuungsverfügungen

Hinterlegung beim Betreuungsgericht

In einigen Bundesländern kann man die Betreuungsverfügung beim Betreuungsgericht hinterlegen. Ob diese Möglichkeit besteht, ist bei dem jeweiligen Amtsgericht direkt zu erfragen.

Eine Hinterlegung bei den Personen, die Sie als Betreuer oder Ersatzbetreuer benennen, ist durchaus möglich. Da es sich um Personen handelt, denen Sie Vertrauen schenken, ist diese Hinterlegung ein gangbarer Weg. Allerdings ist auch hier Missbrauch nicht ganz ausgeschlossen. Denkbar ist, dass ein vorgesehener Betreuer voreilig für Sie eine Betreuung beantragt, um an Ihr Vermögen heranzukommen. Jeder verantwortungsvolle Richter wird in einem solchen Fall sehr vorsichtig auf der Basis eines ärztlichen Gutachtens entscheiden. Außerdem können Sie sich gegen den voreiligen Betreuer zur Wehr setzen, indem Sie die Betreuungsverfügung widerrufen.

Betreuungsgerichte haben Zugriff auf das Vorsorgeregister

Beim Zentralen Vorsorgeregister der Bundesnotarkammer (www.vorsorgeregister.de) können seit 1.9.2009 auch Betreuungsverfügungen hinterlegt werden. Die Betreuungsgerichte haben Zugriff auf die Datenbank und können anhand eines Eintrags in das Register erkennen, wer notfalls als Betreuer eingesetzt werden soll, wenn hierzu Angaben gemacht wurden.

Anhang 1

Patientenverfügung

Quelle: Bundesministerium der Justiz. Die aktuelle Fassung der Formulierungshilfen, die das Justizministerium veröffentlicht hat, können Sie im Internet unter www.bmj.bund.de herunterladen.

Die Textbausteine verstehen sich lediglich als Anregungen und Formulierungshilfen und können eine fundierte Beratung durch einen Experten (siehe dazu Seiten 132 ff) nicht ersetzen.

Muster

Textbausteine für eine schriftliche Patientenverfügung

1. Eingangsformel

Ich ... (Name, Vorname, geboren am, wohnhaft in) bestimme hiermit für den Fall, dass ich meinen Willen nicht mehr bilden oder verständlich äußern kann ...

2. Exemplarische Situationen, für die die Verfügung gelten soll

Wenn ich

- mich aller Wahrscheinlichkeit nach unabwendbar im unmittelbaren Sterbeprozess befinde.
- mich im Endstadium einer unheilbaren, tödlich verlaufenden Krankheit befinde, selbst wenn der Todeszeitpunkt noch nicht absehbar ist.
- in Folge einer Gehirnschädigung meine Fähigkeit, Einsichten zu gewinnen, Entscheidungen zu treffen und mit anderen Menschen in Kontakt zu treten, nach Einschätzung zweier

erfahrener Ärztinnen oder Ärzte (können namentlich benannt werden) aller Wahrscheinlichkeit nach unwiederbringlich erloschen ist, selbst wenn der Todeszeitpunkt noch nicht absehbar ist. Dies gilt für direkte Gehirnschädigung z.B. durch Unfall, Schlaganfall oder Entzündung ebenso wie für indirekte Gehirnschädigung z.B. nach Wiederbelebung, Schock oder Lungenversagen. Es ist mir bewusst, dass in solchen Situationen die Fähigkeit zu Empfindungen erhalten sein kann und dass ein Aufwachen aus diesem Zustand nicht ganz sicher auszuschließen, aber unwahrscheinlich ist[1].

- in Folge eines weit fortgeschrittenen Hirnabbauprozesses (z.B. bei Demenzerkrankung) auch mit ausdauernder Hilfestellung nicht mehr in der Lage bin, Nahrung und Flüssigkeit auf natürliche Weise zu mir zu nehmen[2].
- Eigene Beschreibung der Anwendungssituation: ....

(Anmerkung: Es sollten nur Situationen beschrieben werden, die mit einer Einwilligungsunfähigkeit einhergehen können.)

[1] Dieser Punkt betrifft nur Gehirnschädigungen mit dem Verlust der Fähigkeit, Einsichten zu gewinnen, Entscheidungen zu treffen und mit anderen Menschen in Kontakt zu treten. Es handelt sich dabei häufig um Zustände von Dauerbewusstlosigkeit oder um wachkomaähnliche Krankheitsbilder, die mit einem vollständigen oder weitgehenden Ausfall der Großhirnfunktionen einhergehen. Diese Patientinnen oder Patienten sind unfähig zu bewusstem Denken, zu gezielten Bewegungen oder zur Kontaktaufnahme mit anderen Menschen, während lebenswichtige Körperfunktionen wie Atmung, Darm- oder Nierentätigkeit erhalten sind, wie auch möglicherweise die Fähigkeit zu Empfindungen. Wachkoma-Patienten sind bettlägerig, pflegebedürftig und müssen künstlich mit Nahrung und Flüssigkeit versorgt werden. In seltenen Fällen können sich auch bei Wachkoma-Patienten nach mehreren Jahren noch günstige Entwicklungen einstellen, die ein weitgehend eigenständiges Leben erlauben. Eine sichere Voraussage, ob die betroffene Person zu diesen wenigen gehören wird oder zur Mehrzahl derer, die ihr Leben lang als Pflegefall betreut werden müssen, ist bislang nicht möglich.

[2] Dieser Punkt betrifft Gehirnschädigungen infolge eines weit fortgeschrittenen Hirnabbauprozesses, wie sie am häufigsten bei Demenzerkrankungen (z.B. Alzheimersche Erkrankung) eintreten. Im Verlauf der Erkrankung werden die Patienten zunehmend unfähiger, Einsichten zu gewinnen und mit ihrer Umwelt verbal zu kommunizieren, während die Fähigkeit zu Empfindungen erhalten bleibt. Im Spätstadium erkennt der Kranke selbst nahe Angehörige nicht mehr und ist schließlich auch nicht mehr in der Lage, trotz Hilfestellung Nahrung und Flüssigkeit auf natürliche Weise zu sich zu nehmen.

3. Festlegungen zu Einleitung, Umfang oder Beendigung bestimmter ärztlicher Maßnahmen

Lebenserhaltende Maßnahmen

In den oben beschriebenen Situationen wünsche ich,

- dass alles medizinisch Mögliche getan wird, um mich am Leben zu erhalten und meine Beschwerden zu lindern.
- auch fremde Gewebe und Organe zu erhalten, wenn dadurch mein Leben verlängert werden könnte.

ODER

- dass alle lebenserhaltenden Maßnahmen unterlassen werden. Hunger und Durst sollen auf natürliche Weise gestillt werden, gegebenenfalls mit Hilfe bei der Nahrungs- und Flüssigkeitsaufnahme. Ich wünsche fachgerechte Pflege von Mund und Schleimhäuten sowie menschenwürdige Unterbringung, Zuwendung, Körperpflege und das Lindern von Schmerzen, Atemnot, Übelkeit, Angst, Unruhe und anderer belastender Symptome.

Schmerz- und Symptombehandlung[3]

In den oben beschriebenen Situationen wünsche ich eine fachgerechte Schmerz- und Symptombehandlung,

- aber keine bewusstseinsdämpfenden Mittel zur Schmerz- und Symptombehandlung.

ODER

- wenn alle sonstigen medizinischen Möglichkeiten zur Schmerz- und Symptomkontrolle versagen, auch bewusstseinsdämpfende Mittel zur Beschwerdelinderung.

ODER

- die unwahrscheinliche Möglichkeit einer ungewollten Verkürzung meiner Lebenszeit durch schmerz- und symptomlindern de Maßnahmen nehme ich in Kauf.

---

[3] Eine fachgerechte lindernde Behandlung einschließlich der Gabe von Morphin wirkt in der Regel nicht lebensverkürzend. Nur in Extremsituationen kann gelegentlich die zur Symptomkontrolle notwendige Dosis von Schmerz-und Beruhigungsmitteln so hoch sein, dass eine geringe Lebenszeitverkürzung die Folge sein kann (erlaubte so genannte indirekte Sterbehilfe).

Künstliche Ernährung[4]

In den oben beschriebenen Situationen wünsche ich,

- dass eine künstliche Ernährung begonnen oder weitergeführt wird.

ODER

- dass keine künstliche Ernährung unabhängig von der Form der künstlichen Zuführung der Nahrung (z.B. Magensonde durch Mund, Nase oder Bauchdecke, venöse Zugänge) erfolgt.

Künstliche Flüssigkeitszufuhr[5]

In den oben beschriebenen Situationen wünsche ich

- eine künstliche Flüssigkeitszufuhr.

ODER

- die Reduzierung künstlicher Flüssigkeitszufuhr nach ärztlichem Ermessen.

ODER

- die Unterlassung jeglicher künstlichen Flüssigkeitszufuhr.

Wiederbelebung[6]

A. In den oben beschriebenen Situationen wünsche ich

- in jedem Fall Versuche der Wiederbelebung.

ODER

die Unterlassung von Versuchen zur Wiederbelebung.

- dass der Notarzt nicht verständigt wird bzw. dass ein ggf.

---

[4] Das Stillen von Hunger und Durst als subjektive Empfindungen gehört zu jeder lindernden Therapie. Viele schwer kranke Menschen haben allerdings kein Hungergefühl; dies gilt praktisch ausnahmslos für Sterbende und wahrscheinlich auch für Wachkoma-Patienten.

[5] Das Durstgefühl ist bei Schwerkranken zwar länger als das Hungergefühl vorhanden, aber künstliche Flüssigkeitsgabe hat nur sehr begrenzten Einfluss darauf. Viel besser kann das Durstgefühl durch Anfeuchten der Atemluft und durch fachgerechte Mundpflege gelindert werden. Die Zufuhr großer Flüssigkeitsmengen bei Sterbenden kann schädlich sein, weil sie u.a. zu Atemnotzuständen infolge von Wasseransammlung in der Lunge führen kann.

[6] Viele medizinische Maßnahmen können sowohl Leiden vermindern als auch Leben verlängern. Das hängt von der jeweiligen Situation ab. Wiederbelebungsmaßnahmen sind nicht leidensmindernd, sondern dienen der Lebenserhaltung. Gelegentlich kann es im Rahmen von geplanten medizinischen Eingriffen (z.B. Operationen) zu kurzfristigen Problemen kommen, die sich durch Wiederbelebungsmaßnahmen ohne Folgeschäden beheben lassen.

hinzugezogener Notarzt unverzüglich über meine Ablehnung von Wiederbelebungsmaßnahmen informiert wird.

B. Nicht nur in den oben beschriebenen Situationen, sondern in allen Fällen eines Kreislaufstillstands oder Atemversagens

- lehne ich Wiederbelebungsmaßnahmen ab.

ODER

- lehne ich Wiederbelebungsmaßnahmen ab, sofern diese Situationen nicht im Rahmen medizinischer Maßnahmen unerwartet eintreten.

Künstliche Beatmung

In den oben beschriebenen Situationen wünsche ich

- eine künstliche Beatmung, falls dies mein Leben verlängern kann.

ODER

- dass keine künstliche Beatmung durchgeführt bzw. eine schon eingeleitete Beatmung eingestellt wird, unter der Voraussetzung, dass ich Medikamente zur Linderung der Luftnot erhalte. Die Möglichkeit einer Bewusstseinsdämpfung oder einer ungewollten Verkürzung meiner Lebenszeit durch diese Medikamente nehme ich in Kauf.

Dialyse

In den oben beschriebenen Situationen wünsche ich

- eine künstliche Blutwäsche (Dialyse), falls dies mein Leben verlängern kann.

ODER

- dass keine Dialyse durchgeführt bzw. eine schon eingeleitete Dialyse eingestellt wird.

Antibiotika

In den oben beschriebenen Situationen wünsche ich

- Antibiotika, falls dies mein Leben verlängern kann.

ODER

- Antibiotika nur zur Linderung meiner Beschwerden.

Blut/Blutbestandteile

In den oben beschriebenen Situationen wünsche ich

- die Gabe von Blut oder Blutbestandteilen, falls dies mein Leben verlängern kann.

ODER

- die Gabe von Blut oder Blutbestandteilen nur zur Linderung meiner Beschwerden.

4. Organspende

- Ich stimme einer Entnahme meiner Organe nach meinem Tod zu Transplantationszwecken zu[7] (ggf.: Ich habe einen Organspendeausweis ausgefüllt). Komme ich nach ärztlicher Beurteilung bei einem sich abzeichnenden Hirntod als Organspender in Betracht und müssen dafür ärztliche Maßnahmen durchgeführt werden, die ich in meiner Patientenverfügung ausgeschlossen habe, dann
- geht die von mir erklärte Bereitschaft zur Organspende vor

ODER

- gehen die Bestimmungen in meiner Patientenverfügung vor.

ODER

- Ich lehne eine Entnahme meiner Organe nach meinem Tod zu Transplantationszwecken ab.

5. Ort der Behandlung, Beistand

Ich möchte

- zum Sterben ins Krankenhaus verlegt werden.

ODER

- wenn irgend möglich zu Hause bzw. in vertrauter Umgebung sterben.

ODER

- wenn möglich in einem Hospiz sterben.

Ich möchte

- Beistand durch folgende Personen:
- Beistand durch eine Vertreterin oder einen Vertreter folgender Kirche oder Weltanschauungsgemeinschaft:
- hospizlichen Beistand.

[7] Vgl. § 3 Abs. 2 des Transplantationsgesetzes

6. Aussagen zur Verbindlichkeit, zur Auslegung und Durchsetzung und zum Widerruf der Patientenverfügung

- Ich erwarte, dass der in meiner Patientenverfügung geäußerte Wille zu bestimmten ärztlichen und pflegerischen Maßnahmen von den behandelnden Ärztinnen und Ärzten und dem Behandlungsteam befolgt wird. Mein(e) Vertreter(in) – z.B. Bevollmächtigte(r)/Betreuer(in) – soll dafür Sorge tragen, dass mein Wille durchgesetzt wird.
- Sollte eine Ärztin oder ein Arzt oder das Behandlungsteam nicht bereit sein, meinen in dieser Patientenverfügung geäußerten Willen zu befolgen, erwarte ich, dass für eine anderweitige medizinische und/oder pflegerische Behandlung gesorgt wird. Von meiner Vertreterin/meinem Vertreter – z.B. Bevollmächtigte(r)/Betreuer(in) – erwarte ich, dass sie/er die weitere Behandlung so organisiert, dass meinem Willen entsprochen wird.
- In Situationen, die in dieser Patientenverfügung nicht konkret geregelt sind, ist mein mutmaßlicher Wille möglichst im Konsens aller Beteiligten zu ermitteln. Dafür soll diese Patientenverfügung als Richtschnur maßgeblich sein. Die letzte Entscheidung über anzuwendende oder zu unterlassende ärztliche/pflegerische Maßnahmen liegt bei:

(Alternativen)

- meiner/meinem Bevollmächtigten.
- meiner Betreuerin/meinem Betreuer.
- der behandelnden Ärztin oder dem behandelnden Arzt.
- Wenn ich meine Patientenverfügung nicht widerrufen habe, wünsche ich nicht, dass mir in der konkreten Anwendungssituation eine Änderung meines Willens unterstellt wird. Wenn aber die behandelnden Ärztinnen und Ärzte/das Behandlungsteam/mein(e) Bevollmächtigte(r)/Betreuer(in) aufgrund meiner Gesten, Blicke oder anderen Äußerungen die Auffassung vertreten, dass ich entgegen den Festlegungen in meiner Patientenverfügung doch behandelt oder nicht behandelt werden möchte, dann ist möglichst im Konsens aller Beteiligten zu ermitteln, ob die

Festlegungen in meiner Patientenverfügung noch meinem aktuellen Willen entsprechen. Die letzte Entscheidung über anzuwendende oder zu unterlassende ärztliche/pflegerische Maßnahmen liegt bei:

(Alternativen)
- meiner/meinem Bevollmächtigten.
- meiner Betreuerin/meinem Betreuer.
- der behandelnden Ärztin oder dem behandelnden Arzt.

7. Hinweise auf weitere Vorsorgeverfügungen
- Ich habe zusätzlich zur Patientenverfügung eine Vorsorgevollmacht für Gesundheitsangelegenheiten erteilt und den Inhalt dieser Patientenverfügung mit der von mir bevollmächtigten Person besprochen:

Bevollmächtigte(r)
Name: ....
Anschrift: ....
Telefon: ....
Telefax: ....

- Ich habe eine Betreuungsverfügung zur Auswahl des Betreuers erstellt (ggf.: und den Inhalt dieser Patientenverfügung mit der/dem von mir gewünschten Betreuerin/Betreuer besprochen).

Gewünschte(r) Betreuerin/Betreuer
Name: ....
Anschrift: ....
Telefon: ....
Telefax: ....

- Ich habe einen Notfallbogen[8] ausgefüllt, den auch meine Hausärztin/mein Hausarzt bestätigt hat.

[8] Der Notfallbogen versteht sich als „komprimierte Patientenverfügung" für die Entscheidungssituation des Notarztes bei Herz-Kreislauf-Stillstand. Der Patient dokumentiert mit einem Notfallbogen seine Zustimmung oder Ablehnung der Herz-Lungen-Wiederbelebung ggf. in Ergänzung einer Patientenverfügung. Der Notfallbogen kann nur nach dokumentierter ärztlicher Aufklärung vom Patienten unterzeichnet (und ggf. von der Pflegeeinrichtung gegengezeichnet) werden und bringt den erklärten Willen des Patienten in einer besonderen Situation zum Ausdruck.

8. Hinweis auf beigefügte Erläuterungen zur Patientenverfügung

Als Interpretationshilfe zu meiner Patientenverfügung habe ich beigelegt:

- Darstellung meiner allgemeinen Wertvorstellungen.
- Sonstige Unterlagen, die ich für wichtig erachte:

9. Schlussformel

- Soweit ich bestimmte Behandlungen wünsche oder ablehne, verzichte ich ausdrücklich auf eine (weitere) ärztliche Aufklärung.

10. Schlussbemerkungen

- Mir ist die Möglichkeit der Änderung und des Widerrufs einer Patientenverfügung bekannt.
- Ich bin mir des Inhalts und der Konsequenzen meiner darin getroffenen Entscheidungen bewusst.
- Ich habe die Patientenverfügung in eigener Verantwortung und ohne äußeren Druck erstellt.
- Ich bin im Vollbesitz meiner geistigen Kräfte.

11. Information/Beratung

- Ich habe mich vor der Erstellung dieser Patientenverfügung informiert

bei/durch ....
und beraten lassen ....
durch ....

12. Ärztliche Aufklärung/Bestätigung der Einwilligungsfähigkeit

Herr/Frau ....
wurde von mir ....
am ....
bzgl. der möglichen Folgen dieser Patientenverfügung aufgeklärt. Er/sie war in vollem Umfang einwilligungsfähig.
Datum ....
Unterschrift, Stempel der Ärztin/des Arztes

- Die Einwilligungsfähigkeit kann auch durch eine Notarin oder einen Notar bestätigt werden.

13. Aktualisierung

- Diese Patientenverfügung gilt so lange, bis ich sie widerrufe.

ODER

- Diese Patientenverfügung soll nach Ablauf von (Zeitangabe) ihre Gültigkeit verlieren, es sei denn, dass ich sie durch meine Unterschrift erneut bekräftige.
- Um meinen in der Patientenverfügung niedergelegten Willen zu bekräftigen, bestätige ich diesen nachstehend:

(Alternativen)

- in vollem Umfang.
- mit folgenden Änderungen:

Datum ....

Unterschrift

Anhang 2

Vorsorgevollmacht

Quelle: Bundesministerium der Justiz. Die aktuelle Fassung der Vorsorgevollmacht, die das Justizministerium veröffentlicht hat, können Sie im Internet unter www.bmj.bund.de herunterladen.

Vor Verwendung dieses Vordrucks sollten Sie sich durch einen kompetenten Experten (siehe Seiten 132 ff) eingehend beraten lassen.

Muster
Vorsorgevollmacht

Ich, ...(Vollmachtgeber/in)
Name, Vorname

....
Geburtsdatum, Geburtsort Adresse

....
Telefon, Telefax

....

erteile hiermit Vollmacht an

.... (bevollmächtigte Person)
Name, Vorname

....
Geburtsdatum

....
Adresse

....
Telefon, Telefax

....

Diese Vertrauensperson wird hiermit bevollmächtigt, mich in allen Angelegenheiten zu vertreten, die ich im Folgenden angekreuzt oder angegeben habe. Durch diese Vollmachtserteilung soll eine vom Gericht angeordnete Betreuung vermieden werden. Die Vollmacht bleibt daher in Kraft, wenn ich nach ihrer Errichtung geschäftsunfähig geworden sein sollte. Die Vollmacht ist nur wirksam, solange die bevollmächtigte Person die Vollmachtsurkunde besitzt und bei Vornahme eines Rechtsgeschäfts die Urkunde im Original vorlegen kann.

....

Unterschrift der Vollmachtgeberin/des Vollmachtgebers

1. Gesundheitssorge/Pflegebedürftigkeit

- Sie darf in allen Angelegenheiten der Gesundheitssorge entscheiden, ebenso über alle Einzelheiten einer ambulanten oder (teil-)stationären Pflege. Sie ist befugt, meinen in einer Patientenverfügung festgelegten Willen durchzusetzen.

  ☐ JA ☐ NEIN

- Sie darf insbesondere in sämtliche Maßnahmen zur Untersuchung des Gesundheitszustandes und in Heilbehandlungen einwilligen, auch wenn diese mit Lebensgefahr verbunden sein könnten oder ich einen schweren oder länger dauernden gesundheitlichen Schaden erleiden könnte (§ 1904 Abs. 1 BGB). Sie darf die Einwilligung zum Unterlassen oder Beenden lebensverlängernder Maßnahmen erteilen.

  ☐ JA ☐ NEIN

- Sie darf Krankenunterlagen einsehen und deren Herausgabe an Dritte bewilligen. Ich entbinde alle mich behandelnden Ärzte und nichtärztliches Personal gegenüber meiner bevollmächtigten Vertrauensperson von der Schweigepflicht.

  ☐ JA ☐ NEIN

- Sie darf über meine Unterbringung mit freiheitsentziehender Wirkung (§ 1906 Abs. 1 BGB) und über freiheitsentziehende Maßnahmen (z.B. Bettgitter, Medikamente) in einem Heim oder in einer sonstigen Einrichtung (§ 1906 Abs. 4 BGB) entscheiden, solange dergleichen zu meinem Wohle erforderlich ist.

☐ JA ☐ NEIN

....

....

☐ JA ☐ NEIN

....

Unterschrift der Vollmachtgeberin/des Vollmachtgebers

2. Aufenthalt und Wohnungsangelegenheiten

- Sie darf meinen Aufenthalt bestimmen, Rechte und Pflichten aus dem Mietvertrag über meine Wohnung einschließlich einer Kündigung wahrnehmen sowie meinen Haushalt auflösen.

☐ JA ☐ NEIN

- Sie darf einen Heimvertrag abschließen.

☐ JA ☐ NEIN

....

....

☐ JA ☐ NEIN

....

Unterschrift der Vollmachtgeberin/des Vollmachtgebers

3. Behörden

- Sie darf mich bei Behörden, Versicherungen, Renten- und So-zialleistungsträgern vertreten.

☐ JA ☐ NEIN

....

....

☐ JA ☐ NEIN

....

Unterschrift der Vollmachtgeberin/des Vollmachtgebers

4. Vermögenssorge[9]

- Sie darf mein Vermögen verwalten und hierbei alle Rechtshandlungen und Rechtsgeschäfte im In- und Ausland vornehmen, Erklärungen aller Art abgeben und entgegennehmen sowie Anträge stellen, abändern, zurücknehmen,

☐ JA ☐ NEIN

namentlich

- über Vermögensgegenstände jeder Art verfügen

☐ JA ☐ NEIN

- Zahlungen und Wertgegenstände annehmen

☐ JA ☐ NEIN

- Verbindlichkeiten eingehen

☐ JA ☐ NEIN

- Willenserklärungen bezüglich meiner Konten, Depots und Safes abgeben. Sie darf mich im Geschäftsverkehr mit Kreditinstituten vertreten.

☐ JA ☐ NEIN

- Schenkungen in dem Rahmen vornehmen, der einem Betreuer rechtlich gestattet ist.

☐ JA ☐ NEIN

....

....

☐ JA ☐ NEIN

Folgende Geschäfte soll sie nicht wahrnehmen können
Unterschrift der Vollmachtgeberin/des Vollmachtgebers

5. Post- und Fernmeldeverkehr

- Sie darf die für mich bestimmte Post entgegennehmen und öffnen sowie über den Fernmeldeverkehr entscheiden. Sie darf alle hiermit zusammenhängenden Willenserklärungen (z.B. Vertragsabschlüsse, Kündigungen) abgeben.

[9] Achtung: Kreditinstitute verlangen oft eine Vollmacht auf bankeigenen Vordrucken! Für Immobiliengeschäfte, Aufnahme von Darlehen sowie für Handelsgewerbe ist eine notarielle Vollmacht erforderlich!

6. Vertretung vor Gericht

- Sie darf mich gegenüber Gerichten vertreten sowie Prozesshandlungen aller Art vornehmen.

7. Untervollmacht

- Sie darf in einzelnen Angelegenheiten Untervollmacht erteilen.

8. Betreuungsverfügung

- Falls trotz dieser Vollmacht eine gesetzliche Vertretung („rechtliche Betreuung") erforderlich sein sollte, bitte ich, die oben bezeichnete Vertrauensperson als Betreuer zu bestellen.

....

Ort, Datum	Unterschrift der Vollmachtgeberin/des Vollmachtgebers

....

Ort, Datum	Unterschrift der Vollmachtnehmerin/des Vollmachtnehmers

Beglaubigungsvermerk

Anhang 3

Betreuungsverfügung

Quelle: Bundesministerium der Justiz. Die aktuelle Fassung der Betreuungsverfügung, die das Justizministerium veröffentlicht hat, können Sie im Internet unter www.bmj.bund.de herunterladen.

Vor Verwendung dieses Vordrucks sollten Sie sich durch einen kompetenten Experten (siehe Seiten 132 ff) eingehend beraten lassen.

Muster
Betreuungsverfügung

Ich, ...
Name, Vorname

....
Geburtsdatum Geburtsort

Adresse ....

Telefon, Telefax ....
lege hiermit für den Fall, dass ich infolge Krankheit oder Behinderung meine Angelegenheiten ganz oder teilweise nicht mehr selbst besorgen kann und deshalb ein Betreuer für mich bestellt werden muss, Folgendes fest:

- Zu meiner Betreuerin/meinem Betreuer soll bestellt werden:

....
Name, Vorname

....
Geburtsdatum Geburtsort

....
Adresse

....
Telefon, Telefax

- Falls die vorstehende Person nicht zum Betreuer oder zur Betreuerin bestellt werden kann, soll folgende Person bestellt werden:

....
Name, Vorname

....
Geburtsdatum Geburtsort

....
Adresse

....
Telefon, Telefax

- Auf keinen Fall soll zum Betreuer/zur Betreuerin bestellt werden:

....
Name, Vorname

....
Geburtsdatum Geburtsort

....
Adresse

....
Telefon, Telefax

- Zur Wahrnehmung meiner Angelegenheiten durch die Betreuerin/den Betreuer habe ich folgende Wünsche:

1. .... 2. ....
3. .... 4. ....

Ort, Datum Unterschrift

Anhang 4

Glossar

Alzheimer-Krankheit: Nach dem deutschen Psychiater Alois Alzheimer (1864 – 1915) benannte und erstmals 1906 beschriebene hirn-organische Krankheit, die überwiegend bei älteren Menschen auftritt. Die Zerstörung von Nervenzellen und Nervenzellkontakten führt zu Gedächtnis- und Orientierungsstörungen sowie zu einer Beeinträchtigung des Denk- und Urteilsvermögens. Im fortgeschrittenen Stadium ist es möglich, dass ein Erkrankter seine körperlichen Funktionen nicht mehr kontrollieren kann, Verwandte und Bekannte nicht mehr erkennt und das Bewusstsein seiner eigenen Identität verliert.

Antibiotikum: Medikament, das Bakterien abtötet oder ihr Wachstum beeinträchtigt. Eines der bekanntesten Antibiotika ist das 1928 von dem britischen Arzt und Nobelpreisträger Sir Alexander Fleming (1881 – 1955) entdeckte Penicillin. Heute gibt es eine Vielzahl von Antibiotika, die jeweils für spezifische Erkrankungen entwickelt wurden. Breitband-Antibiotika helfen weiter, wenn die Diagnose keinen eindeutigen Befund ergibt und die behandelnden Ärzte auf Nummer sicher gehen wollen, dass ein breites Spektrum von Bakterien abgetötet wird. Der allzu übermäßige Gebrauch von Antibiotika in Krankenhäusern sowie in der Landwirtschaft hat zu Antibiotika-resistenten Bakterien-Stämmen geführt, gegen die allenfalls neue, noch nicht erhältliche oder entwickelte Mittel helfen können.

Apallisches Syndrom: Fachbegriff für „Wachkoma“. Beschreibt einen Zustand, in dem ein Mensch bewusstlos ist, aber wach sein kann in dem Sinne, dass die Augen geöffnet sind und der Blick umherwandert. Das Apallische Syndrom kann auf eine schwere Schädel-Hirn-Verletzung – etwa nach einem Verkehrsunfall – zurückgehen. Andere Ursachen sind Sauerstoffmangel, Gehirnstoffwechselerkrankungen und die Alzheimer-Krankheit (im Spätverlauf).

Apparatemedizin: Eine kritische, populärwissenschaftliche Bezeichnung für eine Medizin, die mit zahlreichen Apparaten Herz, Kreislauf, Atmung, Blutdruck und andere Körperfunktionen bei schwer erkrankten Menschen überwacht und zu Operationszwecken eine Vielzahl von Geräten, neuerdings auch Roboter, verwendet. Kritisiert wird mit dem Ausdruck „Apparatemedizin“ eine angeblich unmenschliche, allein am Funktionieren des Körpers orientierte und wenig oder gar nicht die Persönlichkeit des Patienten beachtende Medizin. Faktum ist jedoch, dass erst der Einsatz zahlreicher medizintechnischer Apparate es möglich macht, Menschen mit einem sehr schlechten Gesundheitszustand über eine kritische Phase am Leben zu erhalten und zum Teil erfolgreich zu therapieren.

Atemnot: Sammelbegriff für alle Zustände, die durch das Gefühl gekennzeichnet sind, nicht genügend Luft einatmen zu können bis hin zu der Angst zu ersticken. Mögliche Ursachen für Atemnot -wissenschaftlich Dyspnoe genannt – sind Lungenerkrankungen, Herzinsuffizienz, Übergewicht, Tumore und Blutarmut. Infolge eines stark geschwächten Körpers kann es insbesondere am Lebensende zu Atemstörungen kommen, die von den Betroffenen als sehr bedrohlich empfunden werden. Die Sauerstoffzufuhr kann in solchen Fällen über künstliche Beatmung aufrechterhalten oder verbessert werden. Je nach Einzelfall lässt sich die Angst vor Atemnot auch durch Narkotika lindern.

Aufenthaltsbestimmungsrecht: Das Recht, zu bestimmen, wo sich eine Person aufzuhalten hat. Eltern haben dieses Recht gegenüber ihren minderjährigen Kindern. Ein Erwachsener kann das Recht verlieren, über den eigenen Aufenthalt selbst zu bestimmen, wenn ein Vormundschaftsgericht eine Betreuung anordnet. Der Betreuer ist in einem solchen Fall gehalten, sich an den Wünschen des Betreuten und seiner Angehörigen zu orientieren. Er kann aber anordnen, dass die von ihm betreute Person in einem Pflegeheim, Krankenhaus oder in einer Rehabilitationseinrichtung gepflegt oder behandelt wird.

Beatmung, künstliche: Insbesondere bei Koma, Schock oder lebensbedrohlichem Sauerstoffmangel sowie nach schweren Operationen nutzt die Intensivmedizin Beatmungsmaschinen. Bei der künstlichen Beatmung wird entweder über eine Maske oder über einen Kunststoffschlauch, der durch Nase oder Mund in die Luftröhre führt, Atemluft zugeführt. Durch die Verabreichung starker Schmerzmittel – etwa nach einem schweren Unfall oder einer großen Operation – kann sich aufgrund der narkotisierenden Wirkung die natürliche Atmung abschwächen bis hin zum völligen Aussetzen. Diese Gefahr lässt sich durch künstliche Beatmung bannen. Sobald die narkotisierende Wirkung der Schmerzmittel nachlässt und andere, leichtere Mittel verabreicht werden, setzt die natürliche Atmung wieder ein, in dieser Phase kann es zu unangenehmen Schluck- und Würgereflexen kommen. Nun können die Ärzte die künstliche Beatmung beenden, in der Regel werden die Patienten in diesem Stadium sehr intensiv überwacht. Heute wird die künstliche Beatmung nicht nur auf Intensivstationen genutzt. Mehr und mehr kommen Geräte auf den Markt, die von Erkrankten zu Hause während des Schlafs sowie bei akutem Sauerstoffmangel genutzt werden können.

Betreuung: Das 1992 eingeführte Betreuungsgesetz besagt, dass ein Betreuer zu bestellen ist, wenn eine erwachsene Person bestimmte Angelegenheiten ihres alltäglichen Lebens nicht mehr alleine aus eigener Kraft erledigen kann und ein Arzt in einem Gutachten eine Erkrankung diagnostiziert. Zuständig für die Bestellung eines Betreuers ist immer das Vormundschaftsgericht. Das Gericht hat die Wünsche der zu betreuenden Person zu berücksichtigen und sich an den Inhalt einer möglicherweise vorhandenen Betreuungsverfügung dieser Person zu halten. Bei einer Besserung des gesundheitlichen Zustands kann das Gericht die Betreuung wieder aufheben.

Demenz: Unter Demenz wird der Verfall der geistigen Leistungsfähigkeit verstanden. Vergesslichkeit und Orientierungslosigkeit können (müssen aber nicht) erste Anzeichen von Demenz sein. Ursachen für Demenzerkrankungen sind Alzheimer-Krankheit (etwa die Hälfte der Fälle), Durchblutungsstörungen, Stoffwechselstörungen (Vitamin-Mangel), Gehirntumore und Alkoholismus, der zur chronischen Vergiftung des Gehirns führen kann. Je nach Einzelfall kann eine Demenzerkrankung zur Abnahme der Gedächtnisleistung, des Denkvermögens und der Urteilsfähigkeit, zum Verlust der grundlegenden Kulturtechniken (Schreiben, Rechnen, Lesen), zur Unfähigkeit, Alltagsangelegenheiten zu bewältigen (sich anziehen, einkaufen, kochen) und zum Persönlichkeitsverlust führen. Es gibt vor allem im Anfangsstadium Möglichkeiten der medikamentösen Therapie. Durch die einschlägige Literatur und das Internet geistern geschätzte Zahlen zur Häufigkeit von Demenzerkrankungen. Nach solchen Gerüchten sind in Deutschland bereits etwa 15 Prozent der über 65-Jährigen und 40 Prozent der über 90-Jährigen an Demenz erkrankt. Solche Zahlen sind mit größter Vorsicht zu verwenden, da sie ein kaum wissenschaftlich (epidemiologisch) untersuchtes Phänomen unzulässigerweise dramatisieren. Aufgrund des weiter steigenden Lebensalters ist es aber wahrscheinlich, dass auch die Zahl der an Demenz leidenden Menschen weiter ansteigt.

Dialyse: Darunter wird eine künstliche Blutwäsche verstanden. Dialyse ist bei Patienten erforderlich, deren Nieren versagen. Gesunde Nieren filtern giftige Stoffwechselprodukte aus dem Blut aus, die dann mit dem Urin ausgeschieden werden. Wenn die Nierenfunktion beeinträchtig ist oder ausfällt, kann das Blut künstlich mit Hilfe einer Membran außerhalb des Körpers gefiltert werden. Dieser Vorgang heißt Dialyse. Menschen mit chronischen Nierenerkrankungen müssen sich meist drei Mal in der Woche für einige Stunden zu Dialyse in ein Behandlungszentrum begeben.

Durstgefühl: Schwer kranke Menschen empfinden häufig Durst, nicht selten in Form einer als sehr lästig wahrgenommenen Mundtrockenheit. Zur Linderung kommt neben gezielter Flüssigkeitszufuhr vor allem die Anfeuchtung der Atemluft in Frage. Es ist Aufgabe der Ärzte und Pflegekräfte, dafür zu sorgen, dass weder zu viel Flüssigkeit zugeführt wird (was zu Wasseransammlungen und Atemnot führen kann) noch zu wenig verabreicht wird (Gefahr der Dehydration/Austrocknung des Körpers).

Ernährung, künstliche: Kann ein Patient nicht mehr selbst über einen längeren Zeitraum essen und trinken, besteht die Gefahr, dass die fehlende Ernährung den Allgemeinzustand weiter verschlechtert oder sogar zum Tod führt. Um dagegen vorzubeugen und um den Allgemeinzustand des Patienten zu verbessern, nutzen Ärzte verschiedene Formen der künstlichen Ernährung:

Infusion: Nährlösung fließt in eine Vene, die zu diesem Zweck an einem Punkt – meist am Arm – geöffnet wird.

Mund- oder Nasensonde: elastischer Gummischlauch zum Einleiten von flüssiger oder breiförmiger Nahrung durch die Speiseröhre in den Magen.

PEG-Magensonde: Ein dünner Schlauch wird durch die Bauchdecke in den Magen geführt. Die PEG-Sonde setzt einen operativen Eingriff voraus, der nur mit Einverständnis des Patienten, seines Bevollmächtigten oder Betreuers durchgeführt werden darf. PEG steht für den Fachausdruck „Perkutane endoskopische Gastrostomie".

Hospiz-Bewegung: Die internationale Hospizbewegung hat sich zum Ziel gesetzt, schwer kranken Menschen durch eine vielseitige Begleitung ein menschenwürdiges Sterben möglich zu machen. Sie möchte den Betroffenen den sehr häufig geäußerten Wunsch erfüllen, zu Hause, und nicht in einem Krankenhaus oder Pflegeheim zu sterben. Weitere Ziele der überwiegend von Ehrenamtlichen geleisteten Hospiz-Arbeit: Aufrechterhaltung eines gepflegten Zustandes durch sorgfältige Basispflege, Linderung des Leidens durch Schmerztherapie, spirituelle Sterbebegleitung, Beistand für die Angehörigen. Zur Begleitung schwerstkranker Patienten, die wegen der notwendigen medizinischen Intensivbehandlung nicht mehr zu Hause begleitet werden können, sind in den vergangenen Jahrzehnten Sterbe-Hospize entstanden. In Deutschland arbeiten mehr als 1300 ambulante Hospizdienste, während lediglich etwas mehr als 100 stationäre Hospize für die Schwerstkranken zur Verfügung stehen. Kontakt: Bundesarbeitsgemeinschaft Hospiz zur Förderung von ambulanten, teilstationären und stationären Hospizen und Palliativmedizin e.V. (Internet: www.hospiz.net).

Hungergefühl: Die korrekte Therapie umfasst auch das Stillen von Hunger und Durst. Viele Schwerkranke in der Sterbephase – vermutlich auch Wachkoma-Patienten – empfinden kein Hungergefühl mehr.

Intensivmedizin: Die Intensivmedizin sorgt mit vielfältigen Überwachungs-Methoden und medizin-technischen Apparaten dafür, dass schwer kranke und verletzte Menschen eine akute Notsituation überstehen. Auf die Intensivstation verlegt werden insbesondere Menschen mit lebensgefährlichen Erkrankungen, zum Beispiel Magen-Darm-Blutungen, akutem Leberversagen, schweren Gallenwegserkrankungen, schweren Lungenentzündungen, Asthma und anderen beatmungspflichtigen Lungenerkrankungen. Auch bei Infektionskrankheiten (Hepatitis – Gelbsucht, Sepsis – Infektion der Blutbahn, Malaria und Typhus) ist nicht selten eine intensivmedizinische Betreuung angezeigt. Schließlich dient die Intensivmedizin auch zur Überwachung der Patienten nach einer größeren, nicht ungefährlichen Operation.

Koma: Benannt nach einem altgriechischen Wort für „tiefer Schlaf", bezeichnet Koma einen Zustand anhaltender Bewusstlo-sigkeit, der nicht – wie bei einem Schlafenden – durch äußere Reize (Licht, Lärm) beendet werden kann. Die Ursachen sind sehr vielseitig und reichen von Nieren- und Lebererkrankungen über hirnorganische Verletzungen bis hin zu Krebserkrankungen. Die Chancen, aus einem Koma wieder zu erwachen, sind in den ersten vier Wochen am größten. Je länger das Koma dauert, desto niedriger die Wahrscheinlichkeit, dass der Erkrankte wieder zu Bewusstsein kommt. Lassen sich die elektrischen Gehirnströme nicht mehr nachweisen, gehen Mediziner von Hirntod aus. Allerdings ist es bereits mehrfach vorgekommen, dass Menschen auch nach einem jahrelangen Koma wieder das Bewusstsein erlangt haben. Siehe auch: Apallisches Syndrom (Wachkoma).

Morphin: Gilt als eines der stärksten natürlichen Schmerzmittel und wird überwiegend zur Schmerztherapie bei Tumoren verwendet. Morphin wird in Form von

Kapseln, Tabletten, Tropfen, Pflaster oder Injektionslösungen verabreicht. Das Mittel wirkt sowohl im zentralen als auch im peripheren Nervensystem. Als Nebenwirkungen sind unter anderem Suchtabhängigkeit, Brechreiz und Verstopfung bekannt. Es kann auch zu Bewusstseinsstörungen kommen. Bei korrekter Dosierung beeinträchtigt das Morphin jedoch kaum das Bewusstsein. Problematisch ist eine hohe Überdosierung, die zu Atemlähmung und damit zum Tod führen kann.

Narkotika: Medikamente, die betäubend wirken und üblicherweise zu Operationszwecken eingesetzt werden. Sie führen zu einer Narkose (zeitlich begrenzte Lähmung des Zentralnervensystems, Ausschaltung von Bewusstsein, Schmerzempfinden, Reflexen). Manche Schmerzmittel wirken insbesondere bei Überdosierung narkotisch (siehe Morphin).

Notfallpatient: ein Patient, der durch einen Unfall oder eine Krankheit in eine akut lebensbedrohliche Situation geraten ist, weil eine oder mehrere zum Leben notwendige Funktionen ausfallen oder stark beeinträchtigt sind (Atmung, Herz-Kreislauf, Stoffwechsel). Auch dann, wenn andere lebensbedrohliche Erkrankungen (Darmverschluss, Vergiftung) vorliegen, die sofortige intensive medizinische Behandlung erfordern, wird von Notfallpatienten gesprochen.

Obduktion: Öffnung einer Leiche zur Klärung der Todesursache und/oder für wissenschaftlich-medizinische Zwecke. Wird von Ärzten auch Sektion und Autopsie genannt.

Organspende: Darunter wird die von einem Menschen (Spender) erlaubte Entnahme von Organen verstanden. Für die Entnahme von Organen und Körperteilen nach dem Tod muss nicht nur die Erlaubnis des Spenders (zum Beispiel in einem Organspendeausweis oder einer Organspendeverfügung) vorliegen. Es muss auch der Gehirntod zweifelsfrei nachgewiesen sein. Jeder Mensch hat das Recht, zu entscheiden, was nach seinem Tod mit seiner Leiche zu geschehen hat. Wer sich für die Organspende entscheidet, hilft schwerkranken Menschen mit lebensbedrohlichen Erkrankungen, dank Transplantation mit einem Spenderorgan weiterzuleben. Viele tausend lebensbedrohlich erkrankte Menschen warten in Europa auf ein Spender-Organ (Herz, Leber, Niere). Für etliche Betroffene -darunter Kinder, Jugendliche, junge Erwachsene, aber auch ältere Menschen – kommt die Transplantation zu spät, weil nicht genügend Spenderorgane zur Verfügung stehen.

Palliativmedizin: Der Name stammt aus dem Lateinischen (pallium = Mantel) und steht für eine den Patienten ummantelnde – schützende Behandlung. Die Palliativmedizin kommt dann zum Einsatz, wenn eine Krankheit nicht mehr geheilt werden kann. Sie strebt deshalb die Linderung der Schmerzen und Symptome sowie ein beschwerdefreies, würdevolles Leben des Patienten bis zum Tod an. Sie ist parallel zu Fortschritten in der Medizin ab 1960 aus der Hospiz-Bewegung entstanden und beruht auf der intensiven Zusammenarbeit von Ärzten, Pflegekräften, Psychologen, Seelsorgern und Ehrenamtlichen. Die Grundlagen der Palliativmedizin (Schmerzlinderung, würdevolles Leben, Gespräche insbesondere über Tod und Sterben, Betreuung der Angehörigen) sind heute weitgehend anerkannt, die Realisierung jedoch mehr und mehr durch finanzielle und personelle Engpässe in Krankenhäusern und Pflegeeinrichtungen in Frage gestellt.

PEG-Sonde: siehe Ernährung, künstliche.

Reanimation: Wörtlich übersetzt mit Wiederbelebung. Bei Atem-und Herzstillstand ergreifen Notärzte und Rettungssanitäter Sofortmaßnahmen, um die Sauerstoffversorgung und Herzfunktion wieder in Gang zu setzen. Neben der Mund-zu-Mund-Beatmung vor Ort können Ärzte im Krankenhaus heute bei der Wiederbelebung auf medizintechnische Produkte, zum Beispiel Herz-Lungen-Reanimationsapparaturen, zurückgreifen. Führt die Wiederbelebung erst nach mehreren Minuten zu einem Erfolg, kann das Gehirn durch Sauerstoffmangel bereits stark geschädigt sein.

Schädel-Hirn-Trauma: Darunter wird eine Kopfverletzung verstanden, bei der auch das Gehirn verletzt wird. Je nach beeinträchtigter Gehirnregion können Gehirnfunktionen wie Orientierung, Rechnen, Sprechen oder Sehen und Hören ausfallen. In schweren Fällen kommt es zur Bewusstlosigkeit (siehe auch Apallisches Syn-drom und Koma).

Sektion: siehe Obduktion.

Sepsis: Sepsis ist eine schwere Infektion in der Blutbahn, die über eine gewöhnliche, mit Antibiotika behandelbare Blutvergiftung weit hinausreicht. Sie kann die feinen Blutgefäße im gesamten Körper so schwer schädigen, dass die Organe nicht mehr ausreichend durchblutet werden und nach und nach versagen.

Sterbehilfe: Maßnahmen zur Erleichterung des Sterbens todkranker Menschen. Die Unterlassung von Therapie wird oft als „passive“ Sterbehilfe bezeichnet. Verboten ist in Deutschland – auch auf Verlangen des Patienten – die Tötung (aktive Sterbehilfe).

Thrombose: Unter einer Thrombose wird der Verschluss eines Blutgefäßes durch ein Blutgerinnsel (Thrombus) verstanden. Vor allem in Folge von Vorerkrankungen, Operationen sowie langen Liegezeiten kommt es häufig zu Thromben, überwiegend in den Bein- und Beckenvenen. Eine große Gefahr besteht darin, dass sich eines oder mehrere Blutgerinnsel lösen, als Pfropfen mit dem Blutstrom durch das Herz in die Lungenarterien fließen und sie verstopfen. Eine daraus resultierende Lungenembolie bedeutet, dass die verschlossenen Blutgefäße bestimmte Lungengewebsbezirke nicht mehr ausreichend mit Blut und Nährstoffen versorgen können. Eine Lungenembolie wiederum kann zu einer gefährlichen Überlastung des Herzens und zu einem Herzstillstand führen.

Wachkoma: siehe Apallisches Syndrom.

Anhang 5

Berater im „Netzwerk Deutscher Erbrechtsexperten e.V." (www.NDEEX.de)

BADEN-WÜRTTEMBERG
Armin Abele
Rechtsanwalt, Fachanwalt für Erbrecht
72764 Reutlingen, Eberhardstraße 1
Telefon: 07121 324 180

Wolfgang Roth
Rechtsanwalt, Fachanwalt für Erbrecht
74847 Obrigheim, Hauptstraße 31
Telefon: 06261 671100

Barbara Schüller
Rechtsanwältin, Fachanwältin für Erbrecht
79098 Freiburg, Wallstraße 2
Telefon: 0761 36333

Andreas Wolff
Rechtsanwalt, Fachanwalt für Erbrecht
68161 Mannheim, P 5, 11
Telefon: 0621 402206

BAYERN
Florian Enzensberger
Rechtsanwalt, Fachanwalt für Erbrecht
82362 Weilheim, Bahnhofstraße 9
Telefon: 0881 924900

Bernhard F. Klinger
Rechtsanwalt, Fachanwalt für Erbrecht
81677 München, Mühlbaurstraße 1
Telefon: 089 416193350

Agnes Fischl
Rechtsanwältin, Fachanwältin für Erbrecht
82008 Unterhaching, Biberger Straße 1
Telefon 089 6156630

Stefanie Scheuber
Rechtsanwältin, Fachanwältin für Erbrecht, Fachanwältin für Miet- und Wohnungseigentumsrecht
90408 Nürnberg, Pirckheimerstraße 33
Telefon 0911 5868710

BERLIN
Johannes Schulte
Rechtsanwalt, Fachanwalt für Erbrecht, Fachanwalt für Steuerrecht, Notar
12163 Berlin, Schlossstraße 26
Telefon: 030 8529066

HESSEN
Thomas Maulbetsch
Rechtsanwalt, Fachanwalt für Erbrecht
64658 Fürth/Odenwald, Forststraße 32
Telefon: 06253 980225

Joachim Mohr
Rechtsanwalt, Fachanwalt für Erbrecht, Fachanwalt für Familienrecht
35396 Gießen, Wingert 18
Telefon: 0641 952600

MECKLENBURG-VORPOMMERN
Sven Klinger
Rechtsanwalt, Fachanwalt für Erbrecht
19053 Schwerin, Schlossstraße 14
Telefon: 0385 555194

NORDRHEIN-WESTFALEN
Klaus Becker
Rechtsanwalt, Fachanwalt für Erbrecht
52062 Aachen, Friedrich-Wilhelm-Platz 9–10
Telefon: 0241 24994

Hans-Oskar Jülicher
Rechtsanwalt, Fachanwalt für Erbrecht
52525 Heinsberg, Ostpromenade 1
Telefon: 02452 976090

Stephan Konrad
Rechtsanwalt, Fachanwalt für Erbrecht,
Fachanwalt für Miet- und Wohnungseigentumsrecht
33602 Bielefeld, Elsa-Brandström-Straße 2
Telefon: 0521 64647

RHEINLAND-PFALZ
Joachim Müller
Rechtsanwalt, Fachanwalt für Erbrecht
56564 Neuwied, Langendorfer Straße 145
Telefon: 02631 91650

Stichwortverzeichnis

Weitere Titel

- Agnes Fischl/Bernhard F. Klinger/Michael Lettl

Das Testament
Konkrete Anleitungen für alle Lebensmodelle – vom Single bis zur Patchwork-Familie. Wie Sie Streit vermeiden und Steuern sparen.
ISBN 978-3-7093-0264-4
2009, 168 Seiten
EUR 9,90 (D)/EUR 10,20 (A)

- Tibet Neusel/Kai Drabe/Wolfgang Schirp/Kerstin Kondert/Thomas Lippert

Geld anlegen – aber sicher
Chancen und Risiken von Anlageformen. Ihre Rechte, wenn das Geld verloren scheint.
ISBN 978-3-7093-0282-8
2009, 160 Seiten
EUR 9,90 (D)/EUR 10,20 (A)

- Wolfgang Jüngst

Ihr Recht als Mieter
Vom Mietvertrag bis zur Kündigung – was Sie dürfen, was Sie müssen
ISBN 978-3-7093-0246-0
2009, 200 Seiten
EUR 9,90 (D)/EUR 10,20 (A)

- Michael Schröder

Scheidung – aber fair
Sorgerecht, Unterhalt, Umgangsrecht. Es geht auch friedlich, wenn die Vernunft siegt.
ISBN 978-3-7093-0272-9
2. Auflage 2009, 176 Seiten
EUR 9,90 (D)/EUR 10,20 (A)

- Andreas Heiber

Die neue Pflegeversicherung
Der Antrag – die Pflegestufen – die Leistungen: Ihre neuen Möglichkeiten und Chancen
ISBN 978-3-7093-0237-8
2008, 192 Seiten
EUR 9,90 (D)/EUR 10,20 (A)

- Eva Schmitz-Gümbel/Karin Wistuba

Erfolgreich zum Traumjob
Coaching zur Berufswahl für Eltern und Schüler
ISBN 978-3-7093-0213-2
2008, 168 Seiten
EUR 9,90 (D)/EUR 10,20 (A)

- Astrid Congiu-Wehle/Joachim Mohr

Das neue Unterhaltsrecht
Wie viel bekomme ich? Wie viel muss ich zahlen?
ISBN 978-3-7093-0229-3
2008, 168 Seiten
EUR 9,90 (D)/EUR 10,20 (A)

- Karin Spitra/Ulf Weigelt

Ihr Recht als Arbeitnehmer
Vom Vorstellungsgespräch bis zur Kündigung – was darf der Chef?
ISBN 978-3-7093-0218-7
2008, 192 Seiten
EUR 9,90 (D)/EUR 10,20 (A)

- Wolfgang Jüngst/Matthias Nick

Arbeiten und Leben im Ausland
Auswandern oder Überwintern: alle wichtigen Informationen.
Mit 10 Länderkapiteln von Schweiz bis USA.
ISBN 978-3-7093-0214-9
EUR 9,90 (D)/EUR 10,20 (A)

- Rudolf Stumberger

Hartz IV
Das aktuelle Gesetz mit den neuen Regelungen. Mit verständlichen Erklärungen zum Ausfüllen des Antrags.
ISBN 978-3-7093-0224-8
3. Auflage 2008, 152 Seiten
EUR 9,90 (D)/EUR 10,20 (A)

- Tibet Neusel/Sigrid Beyer/Kathrin Arrocha

Immobilienkauf
Haus oder Wohnung – Alles über Finanzierung, Recht und Steuern
ISBN 978-3-7093-0195-12008, 190 Seiten
EUR 9,90 (D)/EUR 10,20 (A)

- Andrea Erdmann/Andreas Kobschätzky

Erfolgreich bewerben
Von der systematischen Vorbereitung zum souveränen Bewerbungsgespräch und fairen Arbeitsvertrag
ISBN 978-3-7093-0187-6
2008, 176 Seiten
EUR 9,90 (D)/EUR 10,20 (A)

- Hans-Herbert Holzamer

Optimales Wohnen und Leben im Alter
Alle Wohnformen im Überblick – alle staatlichen Förderungen
Checklisten und Adressen
ISBN 978-3-7093-0196-8
2008, 176 Seiten
EUR 9,90 (D)/EUR 10,20 (A)

- Ralph Jürgen Bährle/Susanne Hartmann

Nebenjobs
Minijobs und die 400-Euro-Regel – Ein Wegweiser zum sicheren Zusatzverdienst
ISBN 978-3-7093-0139-5
2007, 160 Seiten
EUR 9,90 (D)/EUR 10,20 (A)

- Armin Abele/ Bernhard Klinger/ Thomas Maulbetsch/ Joachim Müller

Partnerschaft ohne Trauschein
Alle wichtigen Rechtsfragen
ISBN 978-3-7093-0096-1
2007, 184 Seiten
EUR 9,90 (D)/EUR 10,20 (A)

- Frank Donovitz/Joachim Reuter/Lorenz Wolf-Doettinchem

Das 1x1 der Altersvorsorge
In sechs Schritten zu mehr Wohlstand in der Rente
ISBN 978-3-7093-0150-0
2007, 152 Seiten
EUR 9,90 (D)/EUR 10,20 (A)

- Frank Donovitz/Elke Schulze

Richtig versichern
Welche Versicherung Sie jetzt brauchen und welche Sie sich sparen können.
ISBN 978-3-7093-0175-3
2007, 144 Seiten
EUR 9,90 (D)/EUR 10,20 (A)

- Ulrike Fokken

Ihre private Ökobilanz
So sparen Sie Energie und Kosten und schonen die Umwelt.
ISBN 978-3-7093-0181-4
2007, 192 Seiten
EUR 9,90 (D)/EUR 10,20 (A)

- Wolfgang Jüngst/Matthias Nick

Wenn der Nachbar nervt
Rechte und Pflichten in der Nachbarschaft
ISBN 978-3-7093-0174-6
2007, 160 Seiten
EUR 9,90 (D)/EUR 10,20 (A)

- Tibet Neusel/Kathrin Arrocha/Sigrid Beyer

Kinder, Geld und Steuern
Das neue Elterngeld – Steuern sparen für Familien – Klug vorsorgen. Viele praktische Tipps und Rechenbeispiele.
ISBN 978-3-7093-0164-7
2. Auflage 2007, 192 Seiten
EUR 9,90 (D)/EUR 10,20 (A)

- Inken Wanzek/Christine Rosenboom

Arbeitsplatz in Gefahr – Das sind Ihre Rechte
Kündigung – Beschäftigungsgesellschaft – Aufhebungsvertrag – Mobbing – Trennungsgespräche
ISBN 978-3-7093-0152-4
2007, 240 Seiten
EUR 14,90 (D)/EUR 15,40 (A)

- Tibet Neusel/Kathrin Arrocha/Sigrid Beyer

Neue Renten- und Pensionsbesteuerung
Das Alterseinkünftegesetz – Absatzmöglichkeiten – Strafverfolgung vermeiden – Erstattungsansprüche sichern
ISBN 978-3-7093-0118-0
2006, 192 Seiten
EUR 9,90 (D)/EUR 10,20 (A)

Patientenverfügung und Vorsorgevollmacht

Was Ärzte und Bevollmächtigte für Sie in einem Notfall tun sollten
Was die Neuregelung für Sie konkret bedeutet

Niemand ist davor sicher, im Fall von Pflege- oder Betreuungsbedürftigkeit seine Angelegenheiten nicht mehr selbst regeln zu können. Nur mittels Patientenverfügung und Vorsorgevollmacht können Betroffene ihre Behandlungswünsche verbindlich festlegen und eine Amtsbetreuung vermeiden.

Nach sechsjähriger Debatte wurde die Patientenverfügung mit Wirkung zum 1.9.2009 gesetzlich verankert. Endlich gibt es mehr Klarheit und Rechtssicherheit im Umgang mit Vorsorgeregelungen. Oberstes Gebot ist dabei die Achtung des Patientenwillens. Künftig sind Betreuer und Bevollmächtigte an die schriftliche Patientenverfügung des Betroffenen gebunden.

Was die Neuregelung für Sie konkret bedeutet und was Sie bei der Abfassung von Patientenverfügung und Vorsorgevollmacht beachten müssen, erklärt der vorliegende Ratgeber.

Der Herausgeber und die Autoren

Bernhard F. Klinger, Fachanwalt für Erbrecht in München (www.RAKlinger.de), Vorstand des „Netzwerk Deutscher Erbrechtsexperten e.V." (www.NDEEX.de).

Sven Klinger, Fachanwalt für Erbrecht in Schwerin (www.klinger-erbrecht.de), Gründungsmitglied des „Netzwerk Deutscher Erbrechtsexperten e.V." (www.NDEEX.de).

Joachim Mohr, Fachanwalt für Familienrecht und Fachanwalt für Erbrecht in Giessen (www.kanzlei-mohr.de), Gründungsmitglied des „Netzwerk Deutscher Erbrechtsexperten e.V." (www.NDEEX.de).

Wolfgang Roth, Fachanwalt für Erbrecht in Obrigheim (www.erbrechtsexperte.de), Gründungsmitglied des „Netzwerk Deutscher Erbrechtsexperten e.V." (www.NDEEX.de).

Johannes Schulte, Fachanwalt für Erbrecht, Fachanwalt für Steuerrecht und Notar in Berlin (www.erbrecht-schulte.de), Vorstand des „Netzwerk Deutscher Erbrechtsexperten e.V." (www.NDEEX.de).

ISBN: 978-3-7093-0289-7
www.lindeverlag.de

Linde international
stern

9 783709 302897